NO ESPERES QUE YO MUERA

T0321847

NO ESPERES QUE YO MUERA

MARK VEGA

GRUPO NELSON
Una división de Thomas Nelson Publishers
Desde 1798

NASHVILLE   DALLAS   MÉXICO DF.   RÍO DE JANEIRO   BEIJING

«Mark Vega, quien es uno de los líderes de jóvenes más destacados dentro del pueblo hispano de Norte América, ofrece lo que considero una respuesta clara, bíblica y convincente de este tema tan importante. *No esperes que yo muera* será una palabra reveladora para el líder cristiano del siglo 21».

Dr. Saturnino Gonzalez
Pastor General
Iglesia El Calvario de Orlando

«Un libro maravilloso que todos deben leer. ¡Te va a cambiar la vida!»

Mariano Rivera
Pitcher para los Yankees de Nueva York

Título en inglés: *Don't Wait for Me to Die*
© 2008 por Mark Vega
Publicado por Grupo Nelson, Inc.

Tipografía: *www.blomerus.org*

ISBN: 978-1-60255-136-7

Impreso en Estados Unidos de América

08 09 10 11 12 BTY 9 8 7 6 5 4 3 2 1

Contenido

Dedicatoria

Quiero dedicar este libro a mi esposa Lisa:
Tu consagración al Señor y dedicación a mi, son impecables.

También a mi madre: Gracias por tu determinación
en criarme y navegar por las tormentas hasta cumplir
tu misión.

Introducción

A pesar de ser más que victoriosos en Cristo Jesús, este camino no es fácil. Nos ha costado dolor, llanto, y múltiples cicatrices. El enemigo lanza cada ataque con mayor intensidad, haciéndonos sentir que estamos en el último asalto y nuestro fin está cerca.

Con cada golpe que tú has recibido, cada pegada que ha sido arrojado en contra de tu ministerio, matrimonio o vida espiritual, tus fuerzas y ánimo están siendo diluidas al punto de peligro.

Pablo, hombre de Dios, se encuentra prendido por una víbora venenosa. Los que lo rodean, en vez de ayudarlo y ofrecerle auxilio, comienzan a juzgarlo y acusarlo. Como si eso no fuera lo peor, anticipan su muerte. ¿Puedes identificarte con esto? Viendo la peligrosa víbora colgando de su mano, comienzan a diagnosticar su situación. Cargando veneno letal, esta víbora seguramente asesinará a Pablo.

Hay víboras que se nos han prendido y su veneno ha tomado efecto hasta el punto de morir. La víbora más peligrosa es la discreta (no sabemos qué nos ha mordido). Mira tus enemigos, vestidos de negro, celebrando tu muerte: preparan tu sepulcro, escogen las flores, lustran tu ataúd. Todo está preparado para tu entierro...

Pero se olvidan que Dios inyectó en lo profundo de nuestro ser el antídoto del Espíritu Santo, el cual nos hace inmune a cualquier ataque diabólico. Y ahora le servimos noticias al reino satánico y a nuestros enemigos... «No esperes que yo muera».

MARK VEGA

ENERO 9, 1970 -

Capítulo 1

Las cuatro estaciones del creyente

Es de suma importancia que cada creyente entienda que su caminar con Dios comprende diversas estaciones. Hay quienes no aprenden este concepto y luego toman decisiones de carácter permanente basados en circunstancias temporales. Creen que su situación, ya sea espiritual, emocional, física o financiera nunca cambiará. Y convencidos de esto, se sienten motivados a tomar decisiones fuera de la voluntad de Dios.

El enemigo (Satanás) se aprovecha de la inseguridad y la incertidumbre del creyente. «El hombre de doble ánimo es inconstante en todos sus caminos» (Santiago 1.8).

Es imposible definirnos en nuestro caminar con Cristo si no podemos discernir el lugar donde estamos en la vida ni saber hacia dónde vamos. «Mi pueblo fue destruido, porque le faltó conocimiento» (Oseas 4.6).

La ignorancia destruye. Hay creyentes que por los últimos veinte años han vivido bajo una nube de auto condenación por haber tomado decisiones equivocadas que les causaron grandes pérdidas en el Señor. En lugar de progresar rumbo a su destino, se detienen y se auto afligen. Somos atacados por pensamientos tales como «¿Qué hubiese sido si...?» «¿Dónde estuviera hoy si...?» «¿Qué hubiese hecho si...?» que sólo sirven para dominar nuestra mente y minar nuestra confianza en Dios y en nosotros mismos. Satanás busca penetrar nuestra vida de una manera u otra, por más mínima que sea, para tomar el derecho legal sobre ella. Y una vez que lo consigue, el creyente camina, piensa y vive atado a las ideologías y conceptos carnales.

Si no hacemos conciencia del plan (a veces incógnito) de Dios para nuestras vidas, puede que esto nos cause confusión y en forma discreta suframos oposición. A veces mal interpretamos la voz de Él y la dirección que quiere darnos e inconscientemente se inicia una guerra espiritual contra el plan y la voluntad de Dios.

Dios permite que ocurran ciertos cambios, pérdidas y fracasos que son necesarios para un completo desarrollo de nuestro carácter y de su plan para nuestras vidas.

Es indispensable reconocer la misión, el plan, la asignación que nuestro Dios tiene para nosotros. Si no reconocemos su voz, nunca lo sabremos.

En su estado natural, al diamante se le conoce como carbón. Y como tal, es algo que carece de belleza o atractivo. Lo que transforma esta piedra en algo bello son las fuerzas de calor y presión que recibe desde el exterior. A través de muchas décadas de calor y presión extremos, ocurre un cambio en ella desde adentro hacia fuera. Cambia su estructura molecular. Como dijimos, esta metamorfosis ocurre desde lo interior hacia lo exterior. El único requisito para que este carbón obtenga más valor y elegancia es la resistencia. Si puede resistir esa intensa presión, viene entonces su transformación total. Pero en el momento en que el carbón se rompe, el proceso se echa a perder y jamás alcanzará su plenitud; en cambio, si resiste, el producto final será la piedra más preciosa del mundo: el diamante. La fealdad del carbón desaparece por completo y queda, en cambio, una belleza resplandeciente.

A veces, pareciera que el proceso no tiene sentido, pero al final vemos el fruto y agradecemos la evolución. «Pero tenemos este tesoro en vasos de barro, para que la excelencia del poder sea de Dios, y no de nosotros» (2 Corintios 4.7). Como creyentes, estamos expuestos a padecer tristeza, llanto, aflicciones, inquietudes, debilidades y temores. A pesar de tales momentos difíciles, eso no es indicio de derrota, sino de cambio y victoria. Para llegar a esa plenitud del diseño de Dios se requiere de resistencia, perseverancia y tenacidad. Si sucumbes en este proceso, quedarás descalificado y serás incapaz de obtener el diseño de Dios para tu vida.

Dios, nuestro perito arquitecto, permite que ocurran ciertas oposiciones y rivalidades porque quiere diseñar las características de su pueblo una persona a la vez. «Que estamos atribulados en todo, mas no angustiados; en apuros, mas no desesperados; perseguidos, mas no desamparados; derribados, pero no destruidos» (2 Corintios 4.7).

Mientras más lejos se quiera llegar con la flecha, más tensión tiene que tener la cuerda del arco. El arquero jala hasta no poder más, luego apunta y finalmente suelta la flecha. De igual manera, a veces Dios nos jala hasta no poder más, nos enfoca hacia nuestro blanco y nos suelta para que ejecutemos sus propósitos. Muchas veces peleamos porque no entendemos que hemos sido escogidos con propósitos tan minuciosos que sólo Dios conoce. Dejemos que Dios haga con nosotros lo que Él crea conveniente. Si estamos en sus manos no padeceremos ningún daño.

Las cuatro estaciones

Nacido y criado en Nueva York, pude disfrutar de las cuatro estaciones del año: verano, otoño, invierno y primavera. Este ciclo se repite cada año sin fallar. Como creyentes en nuestra trayectoria con Dios, pasamos por estaciones igualmente semejantes e importantes.

El verano es un tiempo hermoso. El calor del sol cubre

toda la tierra. Los mares desprenden su brillo y los árboles producen su fruto. Las hojas de los árboles y la hierba del campo se visten de su mejor color. Se escucha la risa de los niños y su alegría contagia a los demás. Durante estos meses de verano la claridad domina. Las playas y los parques se llenan de personas que disfrutan a sus anchas. Es un periodo de relajamiento, paz y regocijo. El humor del ambiente se transmite de persona a persona.

El verano del creyente comienza cuando llegamos a ser una nueva criatura. Nuestra nueva naturaleza es un tiempo agradable y placentero. Estamos enamorados de nuestro Salvador y todo lo demás es secundario. Nuestras oraciones parecen ser oídas y contestadas instantáneamente. Desde el momento en que abrimos los ojos sentimos el calor abrasador de Dios. Vemos un cambio real en nuestro carácter. Cada vez que leemos la Palabra sentimos la presencia de Dios y aprendemos cómo aplicar las Escrituras en nuestras propias vidas. Esta época está llena de experiencias nuevas en el Señor. Es un tiempo donde Dios nos imparte nuevos sueños, nuevas visiones, nuevos ánimos y nuevas energías. Con cada día que pasa sentimos que Dios nos ama más y más. Este amor se ve desbordándose en todas las áreas de nuestras vidas. En el trabajo recibimos promociones que antes nos parecían imposibles. Cada día que pasa damos gracias a Dios por la vida, por el favor y por su gracia que podemos notar que residen en nosotros. Se forman nuevas relaciones con nuestros hermanos y hermanas en la fe. Nos rodean personas afables, amables, cordiales y amistosas. Estas nuevas experiencias nos inyectan una seguridad que jamás habíamos sentido. El compañerismo de nuestro Dios y su fidelidad no tienen precedencia. Somos invitados a una multitud de celebraciones, cenas y tiempos de confraternidad. Más y más personas nos reconocen cada día; nuestra fama, por así decirlo, va en aumento en forma gradual. Nuevos amigos y hermanos vienen en busca de nosotros. Jamás nos habíamos sentido tan especiales y tan amados. El verano es una estación que nunca queremos que termine. El amor, el gozo y la paz que sentimos son constantes. Lo único difícil en esta época es dejar de sonreír. Desde el momento en que el sol se levanta y hasta que se oculta, hay una cascada de alegría que cae sobre nosotros. El júbilo es constante. «El corazón contento tiene un banquete continuo» (Proverbios 15.15).

Después del verano viene el otoño. Los cambios en esta estación son notorios. El calor abrasador desaparece. La hierba pierde su verdor. Las hojas cambian su color y caen de los árboles dejándolos desnudos y carentes de su natural hermosura. Las nubes cubren el sol y, con ello, las bellas experiencias en el Señor comienzan a disiparse. Las amistades que formamos en el verano comienzan a decrecer. Aquellas personas (hojas) que te buscaban en el tiempo de tu «verano» ahora comienzan a cambiar de actitud. La vida social que tanto disfrutabas comienza a menguar, de la misma manera en que los hermanos en la fe que estaban a tu lado. Tus oraciones y peticiones ya no son contestadas con aquella rapidez del tiempo de verano. Esta transición al otoño viene a ser una prueba de tu estabilidad en Cristo. Es importante saber que en este camino se anda por fe y no por vista.

Cuando llega el invierno la situación empeora. El frío y las tinieblas invaden el día y la noche. El sol se oculta de nuestra vista durante casi todo el día. Los árboles pierden su elegancia y ya no hay en ellos frutos. La hierba se seca y cambia de color.

Nada crece. Todo está oscuro. Cuando llegan las lluvias y cae la nieve, el tiempo se vuelve peligroso. Los accidentes de carretera se incrementan a causa de las calles congeladas. De igual manera, en la vida espiritual del creyente las promesas de Dios parecen morir. Notamos que a pesar de nuestra labor en el Señor, no se ve ningún crecimiento o fruto. Es una época donde tenemos que andar por pura fe. Sentimos la soledad que nos rodea y a veces parece que estamos muy lejos de nuestro Dios. Sin embargo, no podemos perder el ánimo, es en momentos como estos que tenemos que seguir a Dios sin importar el costo. Aunque no veamos la solución al problema que nos aqueja, la respuesta a nuestras peticiones, la sanidad de una enfermedad, la restauración del matrimonio, la provisión financiera o la liberación de las ataduras, todavía podemos confiar en el Dios que es fiel y todopoderoso siempre.

Gracias a Dios que después del invierno viene la primavera. La primavera es el tiempo de restauración. Todo lo que nos quitó el invierno lo recuperamos ahora. La tierra vuelve a despertar de su largo sueño. Vemos cómo cambia la temperatura. El sol brilla con todo su fulgor y cubre la tierra otra vez. Viene el tiempo de nuevo crecimiento, el verdor regresa al campo, aparecen nuevamente los frutos; ahora se recobra todo lo que aparentemente se había perdido. Dios nos demuestra su fidelidad. Cuando creíamos que se había olvidado de nosotros, vemos su sello de aprobación. Se redime nuestro tiempo y nuestra fe parece agrandarse.

Los meteorólogos afirman que las diferentes estaciones del año son beneficiosas para el sano desarrollo de nuestro planeta. En el sentido espiritual, estas estaciones son también importantes y provechosas para nuestro perfeccionamiento.

Preguntas Capítulo 1

1. Piensa en una decisión drástica que hayas tenido que tomar en los últimos tres meses. ¿Crees que tomaste esa decisión conforme a la voluntad de Dios? Si no, ¿por qué no?

2. Satanás busca penetrar en nuestras vidas de una manera u otra para aprovecharse y tomar derecho legal sobre ellas. ¿Qué derecho legal piensas que le has dado a Satanás ya sea emocional, espiritual, o físicamente?¿Cómo puedes recuperar ese derecho legal?

3. ¿Cuánto tiempo ha pasado desde que escuchaste la voz de Dios? ¿De qué maneras escuchas la voz de Dios? ¿Cómo reconoces la voz del Maestro? ¿Qué crees que Dios te ha estado tratando de decir?

4. Dios siempre habla y contesta a nuestras oraciones. ¿Pretendes que Dios te diga lo que quieres oír? O ¿Estás contento con lo que Dios te dice?

5. Si nos fijamos en el proceso que el carbón tiene que pasar para transformarse en un diamante veremos que para lograrlo deberá someterse durante mucho tiempo a calores y presiones extremos. ¿Cuáles calores y presiones estás pasando tú actualmente? ¿Te desanima esta situación o te anima la perspectiva del resultado final?

6. En la transición de ser un simple cristiano a ser un cristiano maduro y espiritual tiene que haber mucha resistencia. ¿Qué tipo de resistencia estás viviendo en este momento? ¿Ves las resistencias con una actitud negativa o positiva? ¿Eres feliz cuando no hay resistencia? Y cuando la hay ¿eres feliz?

7. ¿Cómo ves los momentos de aflicción y dificultad? ¿Los ves como derrota o como una oportunidad para triunfar?

8. ¿En que estación del año consideras que estás? ¿Por qué razones crees eso? (Sé específico y personal). Sabiendo que las temporadas tienen ciclos continuos, ¿como te puedes preparar para lo que viene por delante?

MARK VEGA

ENERO 9, 1970–

Capítulo 2

Ten buen ánimo

Pero ahora os exhorto a tener buen ánimo, pues no habrá ninguna pérdida de vida entre vosotros, sino solamente de la nave. Porque esta noche ha estado conmigo el ángel del Dios de quien soy y a quien sirvo, diciendo: Pablo no temas; es necesario que comparezcas ante César; y he aquí, Dios te ha concedido todos los que navegan contigo. Por tanto oh varones, tened buen ánimo; porque yo confío en Dios que será así como se me ha dicho.

—Hechos 27.22-25

Es indispensable saber lo importante que es para Dios cumplir su Palabra. Cuando los héroes de la fe se desanimaban, recordaban las promesas de Dios. Entendían que si Dios lo había declarado también lo cumpliría. Dios y su palabra no pueden separarse. Mientras Dios tiene una palabra y un propósito para la vida del creyente, y ese creyente busca a Dios y sigue la dirección del Espíritu Santo, el Señor lo protegerá de la muerte. Debemos luchar por las promesas divinas porque son dignas de ser recibidas. Pablo instruye a Timoteo que tiene que pelear para ver el cumplimiento de todas esas profecías. Timoteo entiende que para recibir lo que Dios le ha prometido tiene que pelear la buena batalla (1 Timoteo 1.18).

Quizás te preguntes, ¿por qué hay que pelear para obtener lo que Dios ya nos ha prometido? Porque experimentarás diversas oposiciones que vendrán a la misma vez. Cada palabra que Dios dirige a tu vida se cumplirá, pero lo que determine su cumplimiento será tu fe.

En nuestro país la fe se ha convertido en un lujo, en algo que no es siempre necesario. En los círculos religiosos la palabra fe se ha convertido en un cliché, en un simple decir. La prosperidad en los Estados Unidos ha cegado a los creyentes; por eso, muchos preguntan: «¿Para qué la fe cuando tenemos todo al alcance de la mano?» La realidad es que entre más dependamos de nuestros recursos materiales menos vamos a ejercer nuestra fe, causando un naufragio de las promesas de Dios para nuestras vidas.

Las tormentas son lanzadas por el enemigo en el momento en que Dios te escoge como su vaso especial para usarte para su gloria. En el Evangelio de San Marcos capítulo 4, leemos que Jesús dice a sus discípulos: «Pasemos al otro lado». Es interesante observar que la Biblia dice que había otras barcas; sin embargo, la única barca que fue azotada por la tormenta fue la que Jesús había escogido, aquella sobre la cual había una palabra profética. La barca destinada a cruzar al otro lado, la que iba a servir como vehículo para el cumplimiento de lo que Jesús declaraba se vio amenazada por inspiración de Satanás. Los discípulos creyeron que se iban a ahogar. No conocían los propósitos que Jesús tenía para ellos. Dejaron que la tormenta determinara su fe. Fueron a despertar a Jesús y el Señor calmó inmediatamente la tempestad.; pero después que los discípulos hubieron celebrado el milagro del Maestro, recibieron la represión por su falta de fe.

Pablo también se encuentra dudando en la tormenta. La nave se está haciendo pedazos junto con su fe. Dios, entonces, le envía un ángel que le informa que es necesario que comparezca ante Cesar. Pablo entiende que sobrevivirá porque Dios llevará a cabo su misión y su propósito. A veces, el ataque es tan grande que nubla el propósito de Dios en nuestras vidas.

En tales momentos, tienes que levantar la vista y ver más allá del presente y discernir que lo que ahora ocurre alrededor de ti no se compara con lo que Dios manifestará en su tiempo perfecto. «Pues tengo por cierto que las aflicciones del tiempo presente no son comparables con la gloria venidera que en nosotros ha de manifestarse» (Romanos 8.18).

No te enfoques demasiado en lo que se ha manifestado, sean tormentas, huracanes, maremotos, inundaciones. Mira más allá de lo temporal, pues hay un plan permanente que Dios quiere desarrollar en tu vida. «No mirando nosotros las cosas que se ven, sino las que no se ven; pues las cosas que se ven son temporales, pero las que no se ven son eternas» (2 Corintios 4.18). La Biblia nos habla de un gigante filisteo llamado Goliat que causó gran terror en el pueblo de Dios. Las promesas y bendiciones de Dios para su pueblo Israel estaban bloqueadas porque se habían olvidado de lo que Él les había prometido. En lugar de confiar en su Dios prefirieron depender más en sus propias fuerzas contra aquel gigante amenazador. Los propósitos de Dios estaban paralizados por un gigante de nueve pies de altura. Israel, que fue llamado y escogido por Dios, estaba ahora paralizado por su falta de enfoque espiritual. Pusieron más atención en la fisonomía de Goliat, en la anchura de sus hombros, en sus bíceps y tríceps; en fin, en su musculatura. Temblaban cuando se fijaban en su casco de bronce, en su cota de malla que pesaba ciento veinticinco libras y en las grebas de bronce que traía sobre sus piernas. La jabalina de bronce que cargaba entre sus hombros pesaba quince libras. Su escudo pesaba tanto que un hombre (su escudero) lo cargaba delante de él. Cuando David escuchó que los escuadrones de su Dios estaban siendo provocados, no le importó investigar el trasfondo del que ahora amenazaba a su pueblo. Él sabía que las promesas de Dios eran más poderosas que las amenazas de su oponente. Su fuerza y convicción nacieron de su relación con Dios. Este joven tenía una relación íntima con el Dios vivo. El Señor honró su Palabra en el momento en que David se dispuso a que Él lo respaldara. El joven no sólo desafió al gigante sino que también provocó un respaldo sobrenatural cuando le entregó su batalla a Dios, «Jehová te entregará hoy en mi mano, y yo te venceré...»

Es importante recordar siempre que cuando usamos nuestra fe, las tormentas y los vientos enviadas para destruirnos sirven mejor como instrumentos de ayuda que nos asisten para lanzarnos a nuestro destino.

«Y sabemos que a los que aman a Dios, todas las cosas les ayudan a bien, esto es, a los que conforme a su propósito son llamados» (Romanos 8.28).

¿Amas a Dios? ¿Has sido llamado por Él? ¿Tiene Dios propósitos contigo? Si tu respuesta a estas preguntas es afirmativa te felicito, porque toda amenaza lanzada contra ti servirá a tu favor.

Ten ánimo y confía en lo que Dios te ha prometido. Tu promesa puede ser espiritual o material. No pierdas la esperanza, ten ánimo, Dios responderá en su tiempo señalado. Aunque la nave que habría de servir para transportarte al lugar que Dios te ha prometido se esté haciendo pedazos, ten ánimo. Dios ha dicho que aunque la nave sufra pérdida, tú y los tuyos serán protegidos hasta llegar al destino que Él tiene para ti. No te enfoques demasiado en la pérdida temporal, fija tus ojos en las ganancias eternas.

En Mateo 13.24-30 leemos la parábola del trigo y la cizaña que contó Jesús: «Les refirió otra parábola, diciendo: El reino de los cielos es semejante a un hombre que sembró buena semilla en su campo; pero mientras dormían los hombres, vino su enemigo y sembró cizaña entre el trigo, y se fue. Y cuando salió la hierba y dio fruto, entonces apareció también la cizaña. Vinieron entonces los siervos del padre de familia y le dijeron: Señor, ¿no sembraste buena semilla en tu campo? ¿De dónde, pues, tiene cizaña? Él les dijo: Un enemigo ha hecho esto. Y los siervos le dijeron: ¿Quieres, pues, que vayamos y la arranquemos? Él les dijo: No, no sea que al arrancar la cizaña, arranquéis también con ella el trigo. Dejad crecer juntamente lo uno y lo otro hasta la siega...»

A veces oramos para que Dios arranque lo negativo de nuestras vidas y deshaga toda mala situación, tragedias, enfermedades y catástrofes. Cuando no vemos el fruto de nuestras oraciones cuestionamos a Dios. Muchos se han rebelado al no entender por qué juntamente con las bendiciones (trigo) crecieron los problemas (cizaña).

Nuestra mente humana sólo puede interpretar lo natural. Por esta razón dice la Biblia: «La mente carnal no entiende a Dios». En el Salmo 73 el salmista manifiesta confusión al no ver el trigo de su fidelidad sino que sólo nota la cizaña de los impíos. Y escribe: «En cuanto a mí, casi se deslizaron mis pies; por poco resbalaron mis pasos. Porque tuve envidia de los arrogantes, viendo la prosperidad de los impíos». La cizaña siempre es necesaria para que el trigo crezca. El dolor y el sufrimiento fertilizan nuestro destino. ¿Cómo podríamos ser victoriosos sin conflictos? Los vientos contrarios son imperativos para llegar a la meta y cumplir nuestro destino. José tuvo que sufrir para llegar a su destino final. La traición de sus hermanos, la conspiración de la esposa de Potifar, los años de prisión le sirvieron como su incubadora. Según Génesis 45.5 todo estaba en el plan de Dios. El trato que recibió David por parte de sus hermanos preparó su carácter y formuló valor y tenacidad. Los años de ser ignorado por su padre Isaí y ser objeto de las mofas de su hermano mayor Eliab le sirvieron como un campo de entrenamiento para subir al cuadrilátero a enfrentar al opresor Goliat.

Hebreos 5.7-8 dice: «Y Cristo, en los días de su carne, ofreciendo ruegos y súplicas con gran clamor y lágrimas al que le podía librar de la muerte, fue oído a causa de su temor reverente. Y aunque era Hijo, por lo que padeció aprendió la obediencia».

Hasta Jesús tuvo que experimentar dolor, padecimientos y angustias para aprender a ser obediente. Estoy seguro que sus discípulos fueron usados por el Padre para desarrollar paciencia y obediencia en los días de su humanidad. Y siendo Hijo de Dios, mientras vivió como un ser humano tuvo que lidiar con la cizaña de la vida.

De igual manera, Dios permite vientos y tormentas para perfeccionarnos. Mi paz está en saber que si obedezco su Palabra y le honro con mi vida no importa la gravedad de la situación, Dios permitirá lo que me conviene para producir en mí algo que en «situaciones normales» no se conseguiría. Romanos 8.28 nos alienta cuando nos dice que «a los que aman a Dios, todas las cosas les ayudan a bien, a los que conforme a sus propósitos son llamados».

Preguntas Capítulo 2

1. ¿Puedes notar una promesa hecha sobre tu vida?
2. ¿Cuáles son algunas tempestades que han surgido para opacar el destino que Dios tiene para contigo?
3. ¿En qué manera puedes comenzar a luchar para ver materializarse esa promesa?
4. ¿Cuáles son algunas semillas sembradas por el enemigo en el campo de tu corazón?
5. Después de leer este capítulo, ¿cuál es tu concepto de la cizaña?
6. ¿En qué áreas le das gracias a Dios por lo negativo?
7. ¿Cómo ves la cizaña ayudando al crecimiento del trigo?
8. Explica en qué áreas ha crecido tu ánimo para llegar a cumplir tu propósito.

Capítulo 3

¿Sabes cómo encender un fuego?

Entonces, habiendo recogido Pablo algunas ramas secas, las echó al fuego.

—Hechos 28.3

Ya salvo y viviendo plenamente la fe, Pablo se encuentra en un dilema. Mientras sufre los estragos del naufragio, está pasando por una noche lluviosa y fría. Busca ramas secas para comenzar un fuego. Necesita calentarse para evitar contraer una enfermedad y hasta morir.

¿Ramas secas en una tormenta? ¿Qué estaría pensando Pablo cuando comenzó a buscar ramas secas bajo la lluvia? El pastor Rod Parsley dice: «La prueba del deseo está en el anhelo». Pablo entendía que para sobrevivir a esa tormenta sin enfermarse y hasta posiblemente morir tenía que encontrar ramas secas.

Es interesante que Pablo supiera que Dios vendría en su ayuda proveyéndole lo que necesitaba. Sin embargo, no lo vemos pidiendo que enviara fuego del cielo como ocurrió en el caso de Elías. Es bueno saber que Dios tiene cuidado de nosotros, pero que Él no va a hacer por nosotros lo que podemos hacer por nosotros mismos. La soberanía y omnipotencia de Dios no son licencias para no trabajar y esforzarnos.

Todas las promesas de Dios requieren de mantenimiento. Dios te las da y te provee los recursos para cumplirlas, pero el cumplimiento de ellas depende de cómo reaccionas en el proceso. Una foto se revela en un cuarto oscuro. Mientras más oscuro esté el cuarto más claro es el proceso de revelado. Si un rayo de luz se filtra en el cuarto, todo el proceso se echa a perder. Dios quiere que le demostremos que aun en la oscuridad confiaremos en su Palabra. Que por más tenebroso que sea el proceso nunca nos desviaremos de la meta. La viuda de Sarepta sólo tenía un puñado de harina y un poco de aceite, pero al seguir las instrucciones del profeta pudo beneficiarse de un milagro: hubo provisión continua de harina y aceite según su fe en la palabra dada por el profeta Elías (véase 1 Reyes 17.7). No importa tu situación, Dios siempre cuenta con suficientes ingredientes como para cocinar un milagro. Para Noé, fueron la madera y los clavos (fe); para Moisés, fue una vara (confianza); para David, fue su arpa y su honda (valentía); para Sansón, fue la quijada de un asno (seguridad); para Gedeón, fue un pequeño grupo de 300 hombres (ferocidad); para Jesús fueron cinco panecillos y dos peces (compasión).

Si Pablo se hubiera dejado llevar por su sentido común, la tormenta lo habría desanimado y encontrar leña seca en aquel momento le habría parecido una total imposibilidad. Pablo buscó muy seriamente leña seca. Con mucho ahínco caminó por la playa buscando la leña necesaria para comenzar un fuego que le ayudara a sobrevivir en ese ambiente tan poco grato.

Dios siempre dispone de los elementos necesarios para hacer que su plan se cumpla en nosotros. Por más improbable que se vea la situación, existe un milagro que quizás por el momento esté oculto para tu situación específica. Tal vez el milagro esté suspendido como el péndulo, sujeto en nuestra fe y en nuestra determinación. Las promesas de Dios no dependen de las circunstancias económicas, políticas o familiares. Si Dios te ha dado una palabra no dejes de creerla. Aunque todo se vea contrario, sigue luchando y creyendo en esa promesa.

Quizás la vida parezca querer darte todo lo contrario a lo que Dios te ha prometido, pero no desmayes. La salud de tu hogar, matrimonio, familia, ministerio y carrera no dependen de lo que te acontece en la vida diaria, más bien depende de tu fe. Si lo puedes creer, también lo podrás ver. Tienes que seguir luchando para alcanzar el milagro que buscas, la sanidad que necesitas, la liberación completa, ya sea que lo pidas a favor de ti mismo o por alguien a quien amas.

Si Pablo hubiera desmayado, la enfermedad lo hubiera atacado fuertemente destruyendo toda oportunidad para ser sanado. Los efectos de la pulmonía y otras infecciones son los resultados comunes después de tormentas como ésta. Me imagino a Pablo con una tos severa contraída por estar expuesto a una noche fría y lluviosa. Pero él rechaza el cansancio y se niega a rendirse a las influencias externas. Estoy seguro que en algún momento estuvo a punto de darse por vencido y dejarse morir, pero en el momento preciso es posible que se haya acordado de la palabra que Dios le había dado antes de salir en aquel viaje: «...pues ni aun un cabello de la cabeza de ninguno de vosotros perecerá» (Hechos 27.34).

Pablo se rehúsa a rendirse; más bien lucha con todas sus fuerzas, hasta que finalmente encuentra las ramas secas que busca.

Si quieres ser un vencedor tendrás que excavar hasta lo profundo de tu situación para encontrar tus ramas secas. Te advierto de antemano: no las encontrarás al principio de tu búsqueda, pero no desmayes, ten ánimo, sigue luchando contra todas las fuerzas contrarias. No dejes de luchar, sigue excavando aunque te sobrevenga la fatiga. Te prometo que pronto alcanzarás lo que Dios ha puesto en tu camino, los recursos necesarios para darte un intenso calor, energía y luz para guiarte a tu destino.

Durante una gira de evangelización que mi esposa y yo hicimos en 1998 por Cuba nos encontrábamos dando unas conferencias sobre el matrimonio. En una esquina del salón se encontraba una pareja que ya había decidido rendirse a la situación problemática que estaba destruyendo su matrimonio. El esposo tenía consigo la carta de divorcio; por dos años no habían encontrado las ramas secas en la tempestad. Otra pareja los había invitado a la iglesia y como último recurso decidieron asistir. En esa conferencia pudieron hallar «las ramas secas» que necesitaban para darle continuidad a su matrimonio. Aquella tarde, Dios intervino a favor de esa pareja. Pudieron perdonarse uno al otro, encontraron la reconciliación matrimonial y el perdón de Dios. Conozco personas que han estado al borde de la destrucción, pero gracias a su determinación, encontraron las ramas secas y hoy están disfrutando de nuevo del calor de Dios. Quizá tu médico te ha diagnosticado una enfermedad grave; declara tu situación. Esconde tu pañuelo de lágrimas, es tiempo de excavar, tu sanidad está cerca. Pide a Dios dirección y sabiduría y Él te indicará el lugar dónde debes excavar. «Fíate de Jehová de todo tu corazón, y no te apoyes en tu propia prudencia» (Proverbios 3.5). Así como Dios proveyó lo imposible para Pablo: las ramas secas en un huracán, Él hará lo imposible para ti también.

¡Todo es posible para aquel que cree!

El fuego tipifica la presencia del Señor, la cual es esencial en nuestra vida. El calor del Espíritu Santo evita las enfermedades e infecciones que a veces son causadas por las tormentas de la vida. Tener la presencia de Dios en nosotros es tener una relación íntima con Él. Pablo veía que era una prioridad buscar unas ramas secas para echar en el fuego. Nota que no le pide ayuda a nadie. Cuando te decidas a iniciar un fuego espiritual en tu vida, no puedes depender de los demás. Tienes que saber cómo establecer una relación íntima con Dios. Ante todo, Dios nos da una iglesia donde podemos perseverar en la fe, un pastor que nos cuide y hermanos con quienes podamos confraternizar, pero hay que depender total y absolutamente en nuestro Dios.

No puedes depender sólo de los domingos o de los eventos religiosos. La Biblia dice en cuanto a la iglesia que, «las puertas del Hades no prevalecerán contra ella» (Mateo 16.18). Es posible tener un avivamiento personal continuo en nuestras vidas.

Pablo y Silas comenzaron un «fuego» en la cárcel donde estaban presos. No esperaron salir de allí para regocijarse y alabar a Dios. Mientras estaban encarcelados, cantaban y lo adoraban. Con sus voces comenzaron a echarle ramas secas al fuego. Imagínense, se encontraban en lo más profundo de la cárcel donde seguramente había malos olores, inmundicia y hasta desperdicios humanos. Ahí, en lo profundo del calabozo, un lugar de gran angustia mental y física, estaba oscuro y frío. Sin duda que se escuchaban los gritos, las maldiciones y las torturas que sufrían los presos. Era un ambiente cargado de una terrible opresión y gran soledad. Sin embargo, Pablo y Silas tenían una relación tan íntima con su Dios que aun con sus pies en el cepo comenzaron a orar y a cantar himnos hasta que los otros presos se percataron de ello. La alabanza que ofrecieron a Dios fue de tal magnitud que de repente ocurrió un terremoto que sacudió la cárcel causando que se abrieran las puertas y cayeran las cadenas de sus manos.

Existe una gran diferencia entre un termómetro y un termostato. Un termómetro es pasivo y sólo refleja su ambiente.

Aunque el salón esté incómodo, el termómetro no puede producir ningún cambio. Sólo puede medir la atmósfera. Hay personas que tienen mentalidad de termómetro. Siempre están reflejando el problema que les rodea y la incomodidad de su atmósfera; son dirigidas por su medio ambiente. Cuando les rodea la felicidad, sonríen, pero cuando les rodean las amarguras o los problemas, siempre muestran una cara triste y angustiada.

Un termostato es diferente en su función. No solamente reconoce su ambiente sino que también trae cambios a su alrededor. En lugar de ser pasivo, el termostato es agresivo. Rehúsa ser controlado por la temperatura, más bien cambia el ambiente influyendo en la temperatura. Dios quiere que tú cambies tu situación. La sal provoca sed, pero también sirve para sazonar y preservar. La luz reprende la oscuridad, rompe las tinieblas y trae claridad al cuarto, iluminándolo todo. Quizás tu situación sea de densa oscuridad y frialdad, pero aun así, no dejes que lo que te rodea determine tu fe y tu alabanza. Abre tu boca, bate las manos, glorifica a Dios porque lo que ahora ocurre en ti es más poderoso que lo que está ocurriendo alrededor de ti. ¡Aleluya!

Te reto a que comiences un fuego en tu hogar, en tu iglesia, en la escuela o en tu ministerio. Dondequiera que sea, busca la presencia de Dios. Alábale, adórale, clama a Él, haz oración, canta himnos. Su presencia es indispensable y necesaria para tu vida. Toma unos minutos ahora y prepara un ambiente para invitar la presencia de Dios.

La clave para una verdadera experiencia en Cristo es buscarlo mientras Él pueda ser hallado. Su Palabra dice: «Acercaos a Dios y él se acercará a vosotros». Tu intensa búsqueda de la presencia de Dios es explosiva y causará un fuego en tu espíritu. Te prometo que si haces un gran esfuerzo para encender un fuego en tu vida, tú mismo arderás con la gloria de Dios. «Aviva el fuego del don de Dios que está en ti» (2 Timoteo 1.6).

El proceso para el crecimiento espiritual en nosotros es soportar los momentos difíciles y depender totalmente en el Señor. «Muchas son las aflicciones del justo, pero de todas ellas le librará Jehová» (Salmo 34.19). «Al corazón contrito y humillado, no despreciarás tú, oh Dios» (Salmo 51.17). Nuestro clamor mueve a Dios: «Clama a mí y yo te responderé" (Jeremías 33.3) y Él hará lo necesario para socorrerte en tu necesidad.

Pablo entiende que este fuego es crucial para sobrevivir las tinieblas de la noche y alcanzar su destino. Pablo enfrentaba todos los elementos necesarios para causarle una pulmonía u otra enfermedad.

¿Sabes cómo hacer un fuego? Acuérdate que este fuego no es un lujo, sino que es una necesidad para sobrevivir y desvanecer las enfermedades y peligros que se aproximan. Satanás hará todo lo posible para que mantengas tu vida en una frialdad espiritual. No desmayes. Sigue buscando la leña seca. Y si quieres que el fuego dure, tienes que echarle más leña.

El Antiguo Testamento nos habla del lugar donde se ofrecía el holocausto. Ahí, el animal era atado a la leña. La calidad de la leña determinaba el tiempo que se llevaba para consumir el sacrificio. La buena leña se usaba para mantener el fuego ardiendo. Se requería de mucho trabajo buscar y encontrar leña buena y seca. A veces nos conformamos con el calor de las llamas temporales y no reconocemos el beneficio de continuar la búsqueda de buena leña. La duración del fuego depende de nuestro esfuerzo por intensificar las llamas con leña seca. Un momento de descuido y el fuego puede apagarse.

Sólo porque tienes algunas áreas de tu vida ardiendo no significa que ya hayas alcanzado tus metas. Todos hemos experimentado momentos de victoria o de llamas esporádicas cuando asistimos a la iglesia o a un evento religioso. Muchas veces creemos que hemos cumplido con lo que nos corresponde y descansamos porque hemos logrado tranquilizar nuestra conciencia. Nos entretenemos con la idea de que no tenemos que orar, asistir al templo con regularidad o consagrarnos más por causa del incendio del pasado. Es muy fácil vivir de los logros y las glorias antiguos. Pero cuando nos damos cuenta, ya es muy tarde. Todo lo que queda de ese fuego son carbones apagados. Quiero enfatizar que no sólo es suficiente hacer un fuego, sino también mantenerlo. Pablo le recomienda a Timoteo: «Aviva el fuego que hay en ti». O sea, no dejes que se apague. La leña no puede faltar porque el fuego necesita seguir ardiendo. «Y el fuego encendido sobre el altar no se apagará, sino que el sacerdote pondrá en él leña cada mañana, y acomodará el holocausto sobre él, y quemará sobre él las grosuras de los sacrificios de paz. El fuego arderá continuamente en el altar; no se apagará» (Levítico 6.12-13).

Era menester que el sacerdote mantuviera el altar encendido con la llama requerida por Dios. Cuando Dios le informa a Moisés sobre la importancia del fuego en el altar, le da detalles meticulosos de lo que se esperaba del sacerdote. Lo instruye sobre cómo edificar un altar de incienso, prefigurando con ello las expectativas del creyente en los tiempos que habrían de venir.

El altar es el corazón del creyente y la leña tipifica todo lo inflamable. Mientras más sacrificial sea tu ofrenda, más agradable será ante Dios, y mientras más agradable sea ante Dios, más inflamable será. Todo aquello que te cueste rendirle a Dios voluntariamente siempre será inflamable. Lo inflamable es lo que duele cuando se lo entregas a Dios. Todo lo que vas a sacrificar tiene que ser atado a la leña. Mientras más costoso sea, más inflamable será ante Dios. Abraham ata a Isaac para sacrificarlo. Los sacrificios valiosos agradables e inflamables tienen que ser atados. Habrían de transcurrir seis mil años antes que Pablo le diera las mismas instrucciones a Timoteo cuando le dice: «Aviva el fuego del don de Dios que está en ti».

Para agradar a Dios, Aarón y sus hijos tenían que quemar las grosuras por las mañanas. Las grosuras eran símbolo de pecado. Todo lo que no le agrada a Dios tiene que ser quemado para alcanzar el favor y la misericordia de Jehová.

¿Por qué no se podía esperar hasta la tarde o la noche para hacer este sacrificio? Porque la mañana representa prioridad y consagración. Separación total. Dios se place cuando le damos prioridad y precedencia a la santidad y no posponemos el remover cosas dañinas y pecaminosas de nuestras vidas. Nuestro carácter, integridad y vida personal tienen que ser escasos de grosura o pecado. Si el pecado no es expuesto a las llamas, manchará el altar y desagradará a Dios.

Estas regulaciones, aunque severas, eran para el beneficio del pueblo. Muchos pastores, por no ofender a los hermanos, han omitido completamente el tema del pecado. Tienen templos ostentosos, iglesias concurridas, pero la grosura también abunda.

Ahora, haz una pausa y evalúa tu altar. ¿Está el fuego ardiendo o hay abundancia de grosura? La Biblia nos dice: «Despojémonos de todo peso y del pecado que nos asedia» (Hebreos 12.1). Amigo lector: tú tienes el poder para cambiar tu situación ahora mismo. La Biblia también nos recuerda que «cuando el pecado abundó, sobreabundó la gracia» (Romanos 5.20).

Si te hallas culpable de dejar que la grosura apague la llama de tu altar, acuérdate que Dios está dispuesto a restaurar el fuego. Simplemente pide con sinceridad y prepárate porque tu vida cambiará para siempre. Si bien el arrepentimiento tiene connotación negativa, Dios lo ha preparado como un medio de perdón, paz y restauración. No demores. «Clama a mí, y yo te responderé» (Jeremías 33.3) dice el Señor. Hallarás descanso para tu vida.

Quiero hacerte ahora una pregunta personal. El fuego en tu vida, ¿lo mantienes en alto grado, en bajo grado o ya se apagó? En cualquier caso, quiero darte una palabra de ánimo. Dile al Señor ahora mismo que no estás satisfecho con el grado de tu fuego. Dile: «Dios, mediante el Espíritu Santo, dame más de tu presencia, más de tu calor, más de tu ardor». Échale leña al fuego con tus alabanzas y adoración. Comienza a vivir una vida tal que provoque en ti la presencia del Señor en forma continua. Para mantener el fuego ardiendo, tienes que salir de la mediocridad. Tienes que salir del círculo tradicional y entrar en una nueva dimensión, donde no te avergüences del evangelio porque es poder de Dios.

Si te avergüenzas, en lugar de recibir poder experimentarás debilidad espiritual. Un creyente débil es ineficaz en el reino de Dios, porque el diablo te estorbará en todas las áreas de tu vida tanto en lo espiritual, como en lo emocional y en lo físico. Sal de la trampa de preocuparte de las opiniones de las otras personas. Olvida lo que ellos piensan de ti y comienza a buscar la buena leña para encender el fuego que consumirá tu vida por completo.

Preguntas Capítulo 3

1. ¿De qué depende el cumplimiento de la promesa de Dios en nuestras vidas?
2. ¿Qué es lo que se requiere para ser un vencedor?
3. ¿Qué debemos hacer con las ramas secas?
4. ¿Prefieres ser termómetro o termostato?
5. ¿Cómo causarás un fuego en tu vida?
6. ¿Qué tipo de leña le estás echando al fuego?
7. ¿Cuán inflamable es tu ofrenda?
8. ¿Qué es lo que requieres hacer para mantener el fuego ardiendo?

Capítulo 4

¡Cuidado con la víbora!

Y una víbora, huyendo del calor, se le prendió en la mano. Cuando los naturales vieron la víbora colgando de su mano, se decían unos a otros: Ciertamente este hombre es homicida, a quien, escapado del mar, la justicia no deja vivir.

—Hechos 28.3b-4

Si te sientes satisfecho con tu vida espiritual este capítulo no es para ti, pero si no temes provocar al maligno, sigue leyendo.

Cuando Pablo comienza a calentarse en el fuego, repentinamente lo ataca una víbora. Nota que la víbora es provocada por el *calor*. Mientras estaba rodeada por el frío y la oscuridad, la víbora no tenía ningún problema. La víbora es un animal de sangre fría. Se siente cómoda y tranquila en ese estado. Existe la tentación de confundir el estancamiento con la estabilidad. Si no definimos bien estos conceptos, vamos a pensar que somos libres de tales ataques y creer que estamos viviendo a un alto nivel de espiritualidad. Mientras no te presentes como una amenaza al reino de Satanás, los demonios no tendrán ningún problema contigo. Pero cuando reconozcas que hay que abandonar la religiosidad en tu vida para entrar en una intimidad con Dios, entonces será cuando empieces a recibir ataques. El calor del Espíritu Santo hará que se incomoden las fuerzas diabólicas. Cuando sientan ese calor, se irritarán con gran furor. Mientras estemos cómodos viviendo vidas frías o mediocres, el enemigo no tendrá ningún problema con nosotros.

El ataque se presenta de distintas maneras: En lo *espiritual*, ataca tu fe, tu esperanza, tu vida de oración, tus creencias bíblicas, tu evangelización personal, tus relaciones con herma-

nos en la fe; en lo *emocional*, se presentan pensamientos nega-
tivos, temores, ansiedad, tensiones, depresión; en lo *físico,* vienen las enfermedades, los problemas neurológicos, pérdida del
apetito, úlceras, insomnio, cansancio anormal.

La víbora ataca con un plan específico porque quiere matarte. Este ataque no es común, es intenso y de manera espon-
tánea. Sucede generalmente cuando uno determina ir al
siguiente nivel con Dios, buscándole con mayor tenacidad; es
entonces cuando el enemigo mostrará sus colmillos. El diablo
es predecible. Cuando uno entra en una relación más íntima
con Dios rompiendo toda barrera de religiosidad, frialdad y
pereza, él de seguro que asignará sus agentes (demonios) para
estorbarte en tu camino y tratar de apagar tu fuego por Dios.
La víbora piensa que si puede matarte espiritual, emocional o
físicamente, también podrá cancelar y destruir los propósitos
de Dios en tu vida.

En Mateo 4 se nos dice que cuando Jesús terminó su
ayuno, Satanás lo esperaba con tres diferentes tentaciones.
Cuando el creyente desciende de estar en la presencia de Dios,
el enemigo lo espera para tentarlo. «Pero fiel es Dios, que no os
dejará ser tentados más de lo que podéis resistir, sino que dará
también juntamente con la tentación, la salida» (1 Corintios
10.13). No es hasta que uno haya obtenido grandes victorias en
su vida que vendrán los ataques más severos. En 1 Reyes 18,
cuando Dios respondió a Elías con fuego en el sacrificio y el
profeta mató a los 450 profetas de Baal, entonces Jezabel y
Acab lo amenazaron con darle muerte. Y Elías, en vez de confrontar a ambos con la seguridad de que Dios acababa de res-
paldarlo con fuego del cielo, comienza a correr aterrorizado. Y
se va al desierto para esconderse debajo de un enebro. Es po-

sible que la sangre de los profetas que él acababa de hacer matar fuera en sus ropas como evidencia de que Dios estaba a su favor, pero él parece querer tomar una decisión permanente por una situación temporal.

Muchos de nosotros, por no confrontar a la víbora, nos hemos escondido en cuevas y debajo de los árboles. Pero Dios no quiere que corramos sino que nos sometamos a Él, que resistamos al diablo para que entonces éste huya de nosotros (véase Santiago 4.2).

Recuerda, cuando dices: «Sí, Señor, heme aquí, lo que tú quieras. Estoy dispuesto a servirte con toda mi vida» te espera, no muy lejos, una víbora lista para prenderse de ti. Pero ten siempre presente que mayor es el que está en ti que el que está contra ti.

¡Quítenme la víbora!

Con mucha sutileza, la víbora sale de entre las hojas sin que nadie se dé cuenta. ¿Cómo lo logra? Porque se mimetiza con su medio ambiente. Estudia a su víctima minuciosamente antes de atacar. «Sed sobrios, y velad; porque vuestro adversario el diablo, como león rugiente, anda alrededor buscando a quien devorar» (1 Pedro 5.8). Tan pronto como ve la oportunidad, la víbora se lanza hacia su víctima para atacarla. Sin descubrir sus intenciones, fija su mirada en el blanco para destruirlo. «El enemigo no vino sino para hurtar, y matar, y destruir» (Juan 10.10).

Si supiéramos lo vulnerable que somos, nuestra devoción y vehemencia se intensificaría aun más. Tu vida puede cambiar en un instante. A veces, por sentirnos invulnerables nos descuidamos. La vida de Job progresaba de bendición en bendición hasta que Dios lo reconoció como un siervo fiel. Y en un instante perdió hijos, ganado, ganancias, amigos y aun el apoyo de su esposa. Todo lo terrenal en su vida se vino al suelo.

Hay predicadores que sin previo aviso pierden la voz. En forma repentina accidentes de automóvil, enfermedades y catástrofes revolucionan las vidas de millones. Hay personas que disfrutaban de una vida financiera segura y próspera, pero por una enfermedad que requirió hospitalización, en un abrir y cerrar de ojos terminaron en la bancarrota.

Satanás se dedica a lanzar ataques espontáneos que uno no espera, provocando gran daño. En el mundo del boxeo se dice que el golpe más efectivo es el que el contrincante no se esperaba.

De repente, cuando está lo suficientemente cerca, la víbora se le prende en la mano a Pablo, quien siente los colmillos penetrándole en la carne y recibe una dosis de veneno que le causa un dolor insoportable. La gente que está cerca de él cuando se produce el ataque lo escucha gritar y ve que la víbora está colgando de su mano. Rehúsan ofrecerle ayuda. Quizás Pablo esperaba que Lucas le daría los primeros auxilios médicos o que uno de los hermanos en la fe o que alguno de los compañeros en el ministerio orarían por él. Que alguien tomaría la víbora del cuello y la mataría, pero nada de eso sucedió. Lo que sí sucedió fue que comenzaron a acusarlo y a condenarlo.

Muchos que perseveraron en la fe se extraviaron porque nadie les ayudó en su momento de necesidad. El diablo los ha engañado haciéndolos dudar e introduciendo incertidumbre en sus mentes. Les ha susurrado: «Nadie te quiere; a nadie le importa tu necesidad». Les miente, haciéndoles creer que sus vidas no tienen valor, o que no son importantes.

Con frecuencia, el enemigo lanza estas artimañas inmediatamente después de que uno es atacado. Es un hecho que el enemigo sabe cuándo uno se encuentra más vulnerable. Pablo ahora se encuentra pasando por un momento de incertidumbre emocional. No hay duda que el diablo le susurra: «¿Dónde está tu ayuda? ¿Dónde está el Dios a quien sirves, que deja que su siervo muera en oprobio delante de todos?» Me imagino al diablo riéndose de Pablo y celebrando por la situación difícil en que éste se encuentra. Porque sin duda que Pablo está sintiendo el abatimiento de la soledad mientras de su mano cuelga una víbora de cinco libras cuya mordedura es mortal.

A veces, cuando pasamos por una situación de extremo abatimiento, el hecho de que nadie nos extienda la mano para ofrecernos auxilio nos hiere más que la situación en sí misma. El dolor que causa el rechazo penetra hasta lo profundo del alma, allí donde sólo Dios puede sanar. Pablo alza la vista y mira a su alrededor. Se da cuenta que ninguno de sus amigos hace algo para ayudarlo. Nadie hace nada para librarlo de aquella horrenda experiencia. Y por si eso fuera poco, escucha lo que la gente empieza a decir: «Este hombre es homicida; está bueno que le pase esto; él mismo se lo buscó». Aquello le suena a Pablo como una sentencia de muerte.

¿Has pasado por una mala experiencia creyendo que alguien te iba a socorrer y en vez de que te extendieran la mano para ayudarte, te han juzgado? ¿Te has sentido en el centro de la murmuración sabiendo que eres inocente? ¿Has sido fiel a Dios, eres un buen creyente, tienes un buen testimonio, eres un buen padre, una buena madre, un joven ejemplar, un trabajador excelente, un ministro íntegro y en lugar de recibir aplausos, te insultan?

Jesús se compadeció de Pablo y se compadece también de ti. El Hijo de Dios, siendo inocente, nunca le hizo daño a nadie, no obstante fue objeto de muchos abusos. Sus enemigos —que querían verlo muerto— lo escarnecieron y juzgaron injustamente. Sin embargo, Él no se defendió y ni siquiera abrió su boca. Sabía que Dios vendría en su defensa a su debido tiempo.

De igual manera, Pablo tampoco se defiende ni se justifica. En lugar de eso, prefiere que Dios sea su testigo, escogiendo mejor depender totalmente del poder del Espíritu Santo.

El ejemplo de Pablo debe servirnos para que cuando pasemos por momentos de crítica, murmuraciones y acusaciones, recordemos que Jesús siempre intercede por nosotros. Él es nuestro abogado, pelea nuestro caso y nos defiende.

Si te encuentras indefenso y ahora mismo estás pasando por momentos donde nadie corre para defenderte, confía en el Señor y en el poder de su Palabra. Dios te ayudará, cualquiera sea tu necesidad. No te apresures a defenderte. Deja que sea el Espíritu Santo quien lo haga por ti. Te animo a que confíes en Cristo y en su Palabra. Si le eres fiel, verás su pronto auxilio. El favor y la gracia del Señor son indispensables para nosotros. Es un hecho que miles de personas se han apartado de la fe buscando solución a sus problemas por su propio poder. Sus heridas les han causado mucho dolor, más que nada por no estar conscientes de la fidelidad y la justicia de Dios. A consecuencia de ello, su situación ha empeorado. No te vengues, aun cuando creas tener el derecho de hacerlo. Deja que Dios sea quien te defienda.

Satanás quiere cegarnos a la fidelidad, la gracia y el favor de Dios. Si reconocemos que Dios siempre está a nuestro lado, velando y cuidando de nosotros, eso nos dará paz y descanso en medio de la tormenta. Pablo nos enseña la importancia de ser guiados por el Espíritu y no por la carne. En Gálatas 5.17 dice: «Porque el deseo de la carne es contra el Espíritu y el del Espíritu es contra la carne; y éstos se oponen entre sí, para que no hagáis lo que quisiereis».

El diablo quiere usar tu carne para traer a tu vida miseria y ansiedad. Mucha gente, cuando no ve ninguna salida, se ahoga en su desesperación. Esta misma gente comete el gran error de tomar decisiones graves aun por problemas insignificantes. Actúan impulsivamente cuando no ven ninguna salida. Es lamentable cuando personas con futuros brillantes deciden terminar con sus vidas tratando de escapar de su angustia y dolor. Estoy seguro que la naturaleza carnal de Pablo le decía: «Vas a morir, y a nadie le importará. Las promesas de Dios jamás se cumplirán en tu vida» pero, por otro lado, su espíritu le decía: «Todo lo puedes en Cristo que te fortalece». Como creyentes, tenemos que disciplinar a nuestra carne para que aprenda a someterse al Espíritu. Años después, Pablo mismo escribe a los filipenses: «Todo lo que es verdadero, todo lo honesto, todo lo justo, todo lo puro, todo lo amable, todo lo que es de buen nombre; si hay virtud alguna, si algo es digno de alabanza, en esto pensad» (Filipenses 4.7). Jesús dijo, «la carne es débil, pero el espíritu es fuerte».

Tenemos que llevar todo pensamiento contrario a la Palabra de Dios, a la obediencia de Cristo. Como Pablo, rehusamos rendirnos a no pelear la buena batalla de la fe. Pablo evita la muerte y la derrota, enfocándose, concentrándose e ignorando las demandas de sus enemigos, su carne y Satanás. Lo más sorprendente es que los naturales de la isla inician el ataque verbal contra Pablo cuando ven a la víbora colgando de su mano. Creían que el ataque de la serpiente era indicativo del tipo de persona que era Pablo. Hay quienes creen que el creyente honesto y puro no puede ser atacado por el maligno. La Biblia nos habla de hombres y mujeres a quienes Dios usó grandemente pero que pasaron por el horno de la aflicción y la injusticia. Nuestra posición espiritual no nos exime de los ataques de Satanás ni de los problemas. Es un hecho que mientras más buscamos la presencia del Señor, más vamos a incomodar al reino de Satanás. Nunca veremos que alguien asalte a un vagabundo, pero sí hemos visto asesinados a políticos de renombre que han hecho una diferencia en su país. Cuando andamos justamente y hacemos una diferencia, esto provocará ataques y tormentas en nuestras vidas. La Biblia nos cuenta de José y nos dice que fue vendido como esclavo; que fue maltratado, encerrado en la cárcel y que sufrió de muchas otras maneras sólo por ser un hombre justo. De igual manera, Job lo perdió todo sólo por presentarse perfecto delante de Dios. Ser honesto, justo, noble, e integro tiene su precio. ¿Estás dispuesto a pagar el precio?

Si José se hubiera dejado seducir por la esposa de Potifar no hubiera pasado por tantas dificultades. Pero como huyó de sus insinuaciones, tuvo que pasar siete años en la cárcel; sin embargo, al final fue enaltecido. Aunque fue vendido por sus hermanos, reconoció la mano de Dios moviéndose en su vida. Tiempo después, les dice a sus hermanos que lo habían vendido: «No os entristezcáis, ni os pese de haberme vendido acá; porque para preservación de vida me envió **Dios** delante de vosotros» (Génesis 45.5, énfasis del autor). Cuando los hermanos de José van a Egipto para comprar trigo, José reflexiona sobre todas sus experiencias del pasado y concluye diciendo: «Me envió Dios». Puede ser que te encuentres leyendo este libro y todavía no entiendas por qué has sido víctima de tantas situaciones negativas. Te animo diciéndote: «Te envió Dios». Él tenía y tiene control de cada circunstancia en tu vida. La soberanía de Dios es nuestra paz. Personalmente, nunca he tomado un antidepresivo o un relajante para calmar mis nervios. Cuando pienso en la soberanía de Dios puedo recostar mi cabeza sobre su regazo soberano y sé que Él me acariciará porque me ama. Estoy seguro que todo va a marchar bien porque Él tiene control de todas las cosas. «Echando toda vuestra ansiedad sobre él, porque él tiene cuidado de vosotros» (1 Pedro 5.7).

Sacúdete

Con inmenso dolor en su alma y en su cuerpo, Pablo sacude violentamente la víbora. En algún momento tendremos que decidir lo que vamos a hacer con la víbora. Hay dos opciones: podemos tratarla con mucho respeto y temor, rogándole que nos suelte y se vaya, o podemos matarla. A veces, el temor nos estorba y no nos deja funcionar a nuestra máxima capacidad. Hacemos del enemigo o sus ataques algo más grande de lo que en verdad son. Le cedemos el paso al asaltante simplemente porque nos aterroriza una confrontación. Evitamos dicha confrontación a todo costo. Miles de personas fueron abusadas sexualmente por un familiar o por un conocido, y a causa del temor, la vergüenza y aun por sentimientos de culpabilidad, prefieren sufrir atormentados y en silencio por el resto de sus vidas. A causa de ello eligen auto sacrificarse y seguir viviendo una pesadilla en lugar de dejar que Dios los libere. El diablo les miente diciéndoles que si abren su boca para desprenderse de la víbora van a sufrir repercusiones severas. Estas amenazas de Satanás han atrapado a multitudes de personas en muchos lugares del mundo y aun dentro de nuestras iglesias. Existen creyentes que físicamente aparentan vivir en libertad y que disfrutan de una vida religiosa, pero por dentro viven detrás de las rejas de sus experiencias aterradoras. La libertad no puede recibirse pasivamente. Si sólo vives para tolerar tu situación jamás vas a enfrentarla. Tú participas de lo que permites que entre en tu vida.

La única manera de recibir liberación es confesando nuestras heridas y nuestro dolor, y luego dejando que Dios nos sane. Si nos consideramos víctimas o pecadores, 1 Juan 1.9 nos dice: «Si confesamos nuestros pecados, él es fiel y justo para perdonar nuestros pecados». El dolor viene en diferentes grados y afecta distintas áreas de la vida del ser humano. Somos susceptibles espiritual, física, emocional, matrimonial y ministerialmente, pero la medicina sigue siendo la misma: una relación íntima con nuestro Dios. La otra opción que tenemos es sacudir la víbora en el fuego para su destrucción, lo que significa entregar nuestro dolor, traumas y malas experiencias a Dios. Pablo decide sacudir la víbora en el fuego. Es importante no creer que porque asistimos a una iglesia todo va a marchar bien. Tendemos a creer que si le entregamos los problemas al pastor, a uno de los hermanos más maduros en la fe o al evangelista todo se va a arreglar. La víbora no muere a menos que sea arrojada al fuego. Tomemos la iniciativa de remover todo obstáculo mental, emocional y espiritual en la presencia de Dios.

Oremos:

«Padre mío, tomo control de mi vida en el nombre de Jesús.

Sacudo esta víbora que se ha prendido a mí; que se ha adherido a mi vida para matarme. Por medio del poder del Espíritu Santo me desprendo del dolor, del abuso y del temor. Aunque nadie ha podido ayudarme, te entrego mi vida y también renuncio a todo lo que me ataba al pasado. En el poderoso nombre de Jesucristo, amén».

Mientras el fuego esté encendido puedes estar seguro de que la víbora no resucitará en tu vida. Sacudir significa movimiento. Debe haber movimiento y acción en tu vida espiritual. Si Pablo se hubiera quedado inmóvil, la víbora lo habría matado. Cuando estamos inactivos en nuestra fe nos exponemos a este peligro. El plan del diablo es inmovilizarte al punto de que no seas ágil en las cosas del Señor.

Cuando te levantas por la mañana sin ningún deseo de vivir, viene la depresión y la angustia que buscan hacer nido en tu corazón. Sigamos moviéndonos en el Señor. Continuemos orando diariamente, participando regularmente en las actividades de la iglesia y usando los dones, talentos y habilidades dados por Dios. Mantén una disciplina fuerte para estudiar y aplicar la Palabra de Dios en forma consistente.

Porque muera la víbora, no significa que murieron sus efectos

La víbora prendida de la mano de Pablo ha sido sacudida en el fuego. La víbora está muerta. Te advierto, sin embargo, que no te apresures demasiado en celebrar. La víbora ha muerto, es cierto, pero el veneno quedó en el cuerpo de Pablo. A veces creemos que porque cesa el ataque, mueren los efectos del ataque. Porque no tenemos contacto con el asaltante, sea porque murió o porque se mudó a otra ciudad, creemos que podemos descansar y todo regresará a la normalidad. Es increíble cómo hay personas que no tienen cuidado de sus vidas porque ven que el ataque ha cesado. El médico nos receta un medicamento cuando vamos a una consulta por alguna infección y hace hincapié en la importancia de tomar o aplicar el medicamento antes de la próxima visita. Pero si tú eres como yo, que tomamos el medicamento sólo hasta que nos sentimos bien, tan pronto que dejamos de sentir los efectos de la infección nos olvidamos de la medicina y las instrucciones que nos dio el doctor. Este ejemplo quizás nos haga reír, pero la verdad es que no podemos adoptar la misma actitud con nuestra vida espiritual. Todo ataque tiene sus efectos. Porque cesó el ataque, eso no quiere decir que cesaron sus efectos. Satanás también desparrama semilla esperando que dé fruto a su debido tiempo. Hay una cantidad de creyentes que se sientan en las bancas de sus iglesias cada semana, cantan himnos y escuchan mensajes poderosos, pero que siguen sufriendo de heridas profundas en sus almas por un trauma que ocurrió años atrás. Constituyen un pueblo religioso pero rencoroso. Son víctimas del rencor, del dolor y de la amargura que les mantiene sus heridas abiertas. Si no dejan que Dios trate con esa situación, seguirán viviendo vidas atormentadas e inconsistentes. Aunque la causa del dilema murió años atrás, todavía son afectados por los efectos secundarios que nunca fueron sanados. El problema está en que estas heridas infectadas crecen y corren por el sistema emocional. Mientras lees este libro, le pido a Dios que su Espíritu Santo te revele esas heridas abiertas para que las confieses y renuncies, una vez y para siempre a ellas. La mano de Dios está sobre tu vida para sanarte.

El perdón

Pueden pasar muchos años antes que uno sane de sus heridas y de su dolor. Lo más fácil es ignorar esas emociones dañinas y almacenarlas en las cavernas más remotas de nuestra memoria. El problema es que el dolor no es procesado sino hasta que uno llega a una edad más madura, como los treinta, cuarenta o cincuenta años. Cuando la persona finalmente se da cuenta, le han sido usurpadas muchas décadas de su vida. El pasado infecta el presente y destruye el futuro.

Cuando decidas perdonar a los culpables de tu dolor, ya no serás más prisionero de ellos. La ira es como un cordón umbilical que te mantiene conectado a tu pasado. Mientras mantengas el enojo seguirás atado al que abusó de ti y esa misma persona controlará tu vida. El perdón no necesariamente libera al que te abusó sino que te libera a ti. El perdón es para tu propio beneficio. Basta de vivir en las prisiones de ira y amargura que controlan tu mente, tus emociones y tu futuro. El perdón es la medicina necesaria para la víctima. Si no cuidas de tu pasado pronto se convertirá en un cáncer que contaminará todo tu futuro.

En el griego, perdón significa «espirar» (sacar del sistema). Esto no sucede automáticamente sino que es un proceso. Humanamente es algo muy difícil, pero Dios te dará la fuerza necesaria para perdonar.

Se requiere de mucha energía para mantener con vida el odio y la amargura. El enojo, el rencor, la amargura te acosan tan severamente como si el culpable todavía estuviera presente. Esto trae de nuevo el dolor a tu mente. Este dilema, combinado con lo que nos fue inculcado cuando pequeños —lo que ocurre en casa se queda en casa— es una fórmula para acabar con uno si no buscamos la libertad que se ofrece en el nombre de Jesús.

Oremos:

«Padre, vengo herido y traumatizado. Necesito tu bálsamo sanador. Creo que la sangre de Cristo me sana y me restaura. Renuncio y perdono a aquellos que abrieron la puerta para que el enemigo usara esto contra mí (sé específico; nombra cada área). Acepto tu justicia y soy justificado por tu gracia. Jamás dejaré que esto me ate. Perdóname por no aprovechar de tu gracia y misericordia. La sangre de Cristo me limpia, perdona, sana y justifica en el nombre de Jesús y por el poder de tu Palabra. Gracias, Padre. Amén».

Preguntas Capítulo 4

1. ¿Cómo puedes relacionarte con los términos «estancado» y «estabilidad»?
2. ¿Cuánto calor estás produciendo?
3. ¿En qué forma eres una amenaza al mundo de las tinieblas?
4. ¿Por qué todas estas tragedias me ocurren a mí?
5. ¿Cómo puedes sacudirte la víbora y matarla?
6. ¿Hasta dónde tu pasado está infectando tu futuro?
7. Nombra a tres personas a las que sabes que tienes que perdonar.
8. Explica el veneno en tu vida y la forma en que la está afectando.
9. ¿Qué aprendiste en cuanto al perdón?

MARK VEGA

ENERO 9, 1970-

Capítulo 5

Lo peligroso de esta víbora es que es venenosa

Ellos estaban esperando que él se hinchase, o cayese muerto de repente.

—Hechos 28.6

Un ataque como ningún otro

Cuando Satanás descubre tu potencial, lanza sus ataques para destruir el destino diseñado por Dios para ti. Los ataques contra ciertos creyentes muchas veces son indicación del llamado o el destino que Dios les ha hecho. Al hacer una comparación entre personas, vas a notar que no todas son atacadas con la misma intensidad. Puede notarse que aquellas usadas grandemente por Dios fueron las que comenzando con su niñez, sufrieron grandes traumas en sus vidas. De igual manera, puedes preguntarle al cristiano común y corriente, y te dirá que su vida ha sido muy normal.

Entre más amenazador te vea Satanás, más ataques lanzará contra ti con el fin de hacerte retroceder y desanimarte en el camino de la fe. El enemigo usará a diferentes personas para hacerte desviar del llamado y propósito que Dios puso en tu vida. Puede que hasta use a las personas más cercanas a ti para desanimarte. El diablo es conocido por sus artimañas. No tiene nada nuevo que presentar. Cuando veo a una persona venir a los pies de Jesús, siempre le advierto que los ataques vendrán, y que serán como nunca antes; que hay que esperar la traición de algunos supuestos amigos, la hipocresía y la murmuración; y que también vendrán los dardos del maligno para destruir su vida pero que hay que confiar en el poder y la misericordia de nuestro Dios todopoderoso.

Pablo dijo que dentro de estos vasos de barro hay un tesoro; sin embargo, para que el diablo nos robe ese tesoro tiene que romper el vaso de barro. ¿Sabías que por esto, el enemigo, desde el momento en que naciste de nuevo no ha dejado pasar un día sin intentar destruir tu fe, tu paz y tu seguridad? El diablo no duerme, siempre busca la manera de formular estrategias para despojarte de ese tesoro. Es lamentable que miles de personas han quitado su vista de los propósitos eternos de Dios y la han puesto en los ataques temporales, quedando así fuera de la carrera para obtener el galardón eterno.

Job no pasó por el fuego así no más. Fue un hombre de integridad. ¿Sabías que hay un precio que pagar por ser honesto, íntegro y vivir una vida separada para honrar a Dios? Vendrán momentos cuando te preguntarás: «¿Valdrá la pena servir a Dios? ¿Valdrá la pena pasar por el dolor, por el proceso de ser moldeados a su parecer como el barro en las manos del alfarero?» Pero en lo profundo de tu espíritu habrá una afirmación resonante: «¡Sí, vale la pena, mi Señor Jesús!» Nada se compara con el precio que Cristo pagó por nosotros en la cruz del Calvario, llevando nuestra maldición y cargando sobre Él todos nuestros pecados, sean enfermedades o infracciones de la humanidad allí en la cruz, finalmente declaró con gran voz: «¡Consumado es!» Así como Jesús luchó y batalló, nosotros también debemos hacer hasta que finalmente oigamos decir: «Bien, buen siervo y fiel; sobre poco has sido fiel, sobre mucho te pondré; entra en el gozo de tu Señor» (Mateo 25.21).

Pablo está pasando por una transición en su vida espiritual. Hay planes, propósitos y asignaciones que Dios tiene preparados para él. Satanás reconoce que Pablo no puede seguir viviendo porque le causará mucho daño a su reino; es una amenaza a su reino demoníaco. Pablo es un hombre reconocido por todos los demonios del infierno. Me imagino que habrían fotos de Pablo en todos los pasillos del infierno con la leyenda: «El más buscado». Hechos 19.15 nos dice que un demonio declara: «A Jesús conozco, y sé quien es Pablo; pero vosotros ¿quiénes sois?» Mientras el nombre de Pablo retumba por las salas del infierno, los demonios hacen un voto de buscarlo hasta destruirlo. A veces, el estar exentos de los ataques satánicos no significa que estemos espiritualmente bien. No quiero ser dogmático, pero creo que a veces la ausencia de los ataques es indicativa de que no estamos haciendo lo suficiente para ser una amenaza al imperio de las tinieblas. ¿Por qué el diablo va a malgastar sus fuerzas demoníacas en alguien que no es una amenaza al reino satánico? Él tiene su mira en aquellos que están causando una revolución y están reclamando al imperio de las tinieblas el territorio perdido.

En el baloncesto, cada equipo que compite está integrado por cinco jugadores. A veces sucede que cierto entrenador asigna a dos de sus jugadores para cuidar al mejor del equipo contrario. ¿Por qué? Porque es el mejor jugador y representa un peligro al punto que puede causarles la derrota. Satanás usa la misma táctica con los creyentes más peligrosos. A veces, con una legión de demonios trata de disminuir el daño causado a su ejército. Por esto cuando somos una amenaza espiritual, Satanás hace lo más posible para poner un alto a nuestra vida. Pero gracias a Dios que mayor es el que está en nosotros que el que está contra nosotros. No importa cuántas legiones el diablo envíe para pararte de alcanzar la victoria, con Cristo somos la mayoría.

Como un ser espiritual, Satanás sabía que tenía qué utilizar las armas más potentes en su arsenal para destruir a Pablo y a su ministerio de levantar nuevas obras y escribir las dos terceras partes del Nuevo Testamento. Para matarlo, le envía una víbora. No cualquier víbora sino, una peligrosa y venenosa. Satanás siempre utiliza sus armas más potentes para destruir al creyente.

Con Sansón lo hizo utilizando a Dalila. Sansón dormía con rameras y con muchas otras mujeres, pero Dalila no era una mujer como las demás. Fue enviada por los príncipes de los filisteos para descubrir en qué consistía la gran fuerza de Sansón (Jueces 16.5). Aunque Dalila tenía el mismo aspecto de las demás mujeres, era mucho más peligrosa. A Dalila no se la envió para trastornar el enfoque de Sansón, o para hacerlo pecar o para entretenerlo, sino para matarlo. Mientras lees este libro, el diablo está planificando cómo matarte. Anda como león rugiente tratando de devorarte.

Cuando Pablo descubre la víbora, nota que no es como las otras víboras. Aunque se parecía a las otras, esta era muy diferente porque cargaba un veneno mortal. Hay muchos ataques que parecen ser iguales, pero no lo son. Hay ataques enviados para distraer, desanimar, desenfocar, herir, pero hay otros enviados para asesinar. Jesús lo dijo en Juan 10.10: «El ladrón no viene sino para hurtar y matar y destruir».

1. **Hurtar.** Daño mínimo. Robar, violar, engañar.

2. **Matar.** Muerte significa separación. Satanás quiere separarte de tu fe, de tu esperanza y de tu amor; quiere causarte muerte espiritual, emocional y aun física.

3. **Destruir**. Deshacer completamente; derrumbar toda columna de fe, asfixiar todo aliento. Esta víbora quiso matar a Pablo y destruir a la iglesia. Pablo, siendo el personaje clave que Dios usaría para levantar su iglesia, está marcado por Satanás para destrucción. Los ataques, entonces, son indicadores de llamados poderosos.

En el capítulo anterior me sentí tentado a terminar este libro cuando la víbora muere en el fuego. Me pareció que al relato bíblico le había dado una buena introducción y hecho una buena exégesis. La muerte de la serpiente daría una buena conclusión a la historia. Sin embargo, tuve que seguir escribiendo porque la serpiente portaba veneno, porque la muerte de la serpiente no significa que mueren los efectos del veneno. En el momento en que esta víbora clava sus colmillos en la mano de Pablo, está inyectando una dosis mortal de veneno, suficiente para acabar con su vida. La gente que lo rodea sólo espera que la muerte llegue. El veneno tiene muy mala reputación. A lo largo de su vida esta víbora ha causado bastante daño. Ha acortado los días a mucha gente. Es famosa por truncar los sueños de multitudes. Pablo está marcado para ser su próxima víctima. Nadie ve el veneno corriendo por el torrente sanguíneo de Pablo. A veces, nadie ve lo que ocurre en el fondo del ataque, salvo Dios.

En sí, el veneno es peligroso y letal. Una vez inyectado, su misión es traer la muerte en forma rápida. En el momento en que es mordida, la persona siente correr por todo su cuerpo un fluir caliente. El veneno tiene cuatro funciones que cumplir en el cuerpo de su víctima.

El dolor. El primer efecto es provocar dolor. Está comprobado que una víbora de quince libras puede matar un león de trescientas. El dolor se difunde por todo el cuerpo al punto de controlarlo todo. Cada segundo que pasa es mortal. El dolor se apodera de todo el cuerpo y puede causar daño permanente. Aun la mente cae víctima de este terrible dolor. Se interrumpen los pensamientos y la mente es secuestrada. Se distorsiona el razonamiento, se confunden las ideas y se debilitan las fuerzas.

Así como el veneno de la víbora domina al rey de la selva, de la misma manera, el ser humano es controlado por ese dolor insoportable. Quizá estás leyendo este libro y ahora mismo estás ocultando un dolor venenoso que entró en tu sistema años atrás.

El enemigo ha diseñado un ataque mortal usando su veneno para aplicarlo en nosotros desde que nacimos con el fin de destruirnos. Quizá ya has olvidado el momento cuando por primera vez la víbora te atacó, pero en el momento en que menos lo esperas viene el recuerdo de ese dolor. Inconscientemente, pasamos toda una vida tratando con ese «dolor». Procuramos amortiguarlo o cubrirlo temporalmente adoptando hábitos o un estilo de vida no muy saludable. Hay hombres que en su niñez fueron ignorados por sus padres y al no desarrollar una relación saludable con ellos, crecieron hasta llegar a ser adultos cargando en ellos el residuo doloroso de ese veneno. Aun en su propia familia, con sus cónyuges e hijos, no pueden vivir una vida saludable y normal. Sin poder controlar estas acciones, ellos imitan el mismo comportamiento de las personas que les trajeron el dolor y lo siguen repitiendo y repartiendo a otros. Personas heridas hieren a otras. El dolor no hace acepción de personas, ataca y domina a cualquiera que se haya expuesto al veneno mortal.

No importa cual sea tu nivel o estatus social —opulento, de clase media o pobre— el dolor es un efecto venenoso que causa ruina emocional a todos. Primero te debilita, luego reduce tus fuerzas y tus ánimos hasta finalmente destruir tus sueños. Quizá estás pensando rendirte ante esta situación, ignorando las promesas que Dios te ha dado en su Palabra. Estás desconcertado y tus sueños, anhelos y visiones de hoy sólo son una fantasía. Lo único claro y que sobresale en tu mente son los fracasos del pasado. Quiero decirte que el príncipe de las tinieblas te está acechando para ver si te rindes. Él sabe que en ti hay habilidades, dones y talentos que Dios te ha dado y que tú serás una amenaza seria para él aquí en la tierra.

El dolor trae sus beneficios. Funciona como una alarma que avisa al cuerpo de que algo no está marchando bien. Lo peor que puedes hacer es ignorar este aviso. Los médicos dicen que la mayoría de los infartos pudieron haberse evitado pues casi siempre hubo señales que fueron ignoradas por su víctima. La mayoría de ellos, sabiendo que estaban en peligro, rehusaron ir al hospital por temor a un mal reporte médico. Finalmente, cuando decidieron hacerlo, el daño ya estaba hecho. Si estás leyendo este libro, quisiera que examines tu vida ahora mismo. Si estás ignorando alguna área de tu vida y sientes algún dolor del que nadie se da cuenta, quiero que se lo entregues al Señor ahora mismo.

Tal vez estás en un ministerio al que Dios te ha llamado y sientes que no está creciendo como debería o como Dios te lo prometió. Métete con Dios, pídele que el Espíritu Santo te demuestre lo que tienes que rendirle o entregarle para que el poder de Dios fluya de una manera sobrenatural.

Como explicaba anteriormente, el dolor no sólo se limita a personas específicas sino que intenta acabar con todo ser humano. Quizás te preguntes por qué. Y la respuesta es: porque somos la creación más bella y perfecta, y fuimos hechos a la imagen y semejanza del Dios todopoderoso.

Quiero que entiendas que si no rindes esa área de tu vida al Señor, no podrás realizar la vida *zoé*; es decir, la vida de Dios manifestada en nosotros. Entrégale al Señor todas tus preocupaciones y dolores. Él tiene cuidado de ti (1 Pedro 5.7). A veces, el dolor viene por causa de una traición de algún familiar, de un amigo o de un hermano en la fe. Cualquiera sea la razón, el resultado siempre es igual: dolor insoportable.

En nuestras campañas y cruzadas de evangelización nos quedamos perplejos cuando vemos que más del setenta por ciento de los creyentes activos en la fe pasan al frente para que Dios deshaga su dolor. A veces, el dolor viene desde tiempo atrás, y fue acomodado o adoptado como parte de los sentimientos normales. Esto es exactamente lo que Satanás quiere; que le hagas al dolor un lecho para que se convierta en parte de tu vida diaria. Una vez que te acostumbres a vivir con el dolor, su tarea de avisarte cuando surge el peligro ya no funcionará y tu situación seguirá empeorando.

Creo que Dios me ha permitido escribir este libro para que sirva como una ayuda para proveer liberación a personas que buscan ser verdaderamente libres. Si mientras lees estás sintiendo una fe grande y un ánimo extraordinario es porque el Espíritu Santo está a tu lado para transformar tu vida ahora mismo. Si quieres ser verdaderamente libre de esa tormenta terrible, permíteme orar por ti. En voz alta di las siguientes palabras:

Oremos:

«Padre santo, te rindo ahora mismo mi vida. Te entrego esta área _____ (sé específico), que me ha causado gran dolor. En el nombre de Jesús y con la autoridad de Dios y su Palabra, renuncio a todo sentimiento doloroso, que ha controlado mi vida y mi destino. Rompo todo poder de dolor y residuo mortal, y aplico la sangre de Jesucristo, mi

Salvador, sobre mi vida en el nombre de Jesús. Amén».

La parálisis. Como si el dolor no fuera suficiente, el veneno tiene otro efecto devastador: la parálisis. En parte, la parálisis tiene su causa en el dolor, pero ocurre cuando se daña el sistema neurológico. Las señales eléctricas del cerebro son enviadas a la espina dorsal —el centro del sistema nervioso— pero existe un corte en el circuito. Se dañó el sistema neurológico.

El diccionario Webster define parálisis como la pérdida o impedimento de movimiento voluntario. El diccionario Oxford la define como la falta de habilidad de moverse normalmente. Imagina no poder moverte con la habilidad o potencial con el que fuiste creado. El no poder utilizar tus habilidades físicas, trae consigo una gran frustración. La palabra «frustración» significa *evitar que la persona alcance su meta o que se sienta útil.* ¿Puedes identificarte con esto? Jesús dijo: «El enemigo no viene sino para hurtar, matar y destruir». El diablo quiere desviarte de tu camino para que no llegues a la tierra donde fluye leche y miel.

Este veneno mortal lleva en él garantía de muerte y destrucción. Pablo está en la línea para ser la siguiente víctima de la serpiente venenosa. Estoy seguro que Pablo será uno más en la lista de las víctimas de este animal.

Al seguir leyendo las páginas de este libro quizá puedas identificarte con este capítulo y sentir cierta relación porque reconoces las áreas de tu vida donde estás sufriendo parálisis. ¿Puedes recordar los tiempos buenos cuando tenías movimiento en todas tus extremidades? Te podías parar sobre tus pies, caminar y moverte con facilidad sin tener que depender de nadie. Mientras recuerdas la libertad que antes disfrutabas, te deleitas, pero de igual manera, eso te trae sentimientos agridulces. Al comprobar tu falta de movimiento sientes frustración, desesperación y aun desprecio.

Antes de que viniera el ataque, gozabas de una comunión constante y agradable con Dios. El poder hablar con el Dios todopoderoso no se veía como una tarea sino como un privilegio. La habilidad de amar era tan normal que no tenías que esforzarte sino que el amor fluía diariamente de manera sobrenatural. Amabas a las personas que conocías como también a las que no conocías. La lectura bíblica era un gran placer. La Biblia no era un libro extraño sino un mapa y una guía que habías recibido personalmente de parte de Dios para que fuera lámpara a tus pies y lumbrera a tu camino. Cada palabra llenaba tu corazón con mucha sabiduría y fe. Ciertas palabras, tales como inalcanzable, incomprensible o imposible, no tenían cabida en tu vocabulario. ¿Recuerdas la confianza y el gozo que tenías junto con el deseo de vivir una vida abundante? El deseo de agradar a Dios en todas las cosas no tenía límites. Desde el momento en que abrías tus ojos hasta que los cerrabas para dormir vivías en integridad de acuerdo con la Palabra de Dios. Con todo eso, y a pesar de que el mundo seguía su fin destructivo con sus problemas, tormentas, terremotos emocionales, la destrucción familiar y financiera, existía una paz profunda que ninguna persona a tu alrededor podía comprender.

Pero ahora, el veneno ha inyectado parálisis en tu vida. El hecho de que asistas a una iglesia, seas parte de un grupo ministerial o hayas alcanzado un alto nivel de educación no ha sido suficiente como para sacarte de tu condición crónica. Como muchas víctimas que sufren de parálisis, al darse cuenta de su condición actual, al recordar el pasado, se llenan de tristeza y depresión. Su enfoque cambia de luchar contra el enemigo a luchar contra ellos mismos. Luchan contra el auto-rechazo cuando contemplan su condición espiritual o emocional, y en lugar de sentir contentamiento, sienten odio y rencor hacia ellos mismos. Culpan a otros por su condición penosa, y pasan por alto al que es el verdadero culpable, a Satanás, el autor de su trauma, el que causa el divorcio, el que trae devastación espiritual y parálisis a su vida. «Sabemos que somos de Dios, y el mundo entero está bajo el maligno» (1 Juan 5.19).

Conozco el plan pero no puedo seguirlo. Estoy inmovilizado.

Saber lo que tenemos que hacer y no poder hacer nada trae frustración. Pablo, cuando comenzó su ministerio, dijo lo siguiente: «Porque no hago el bien que quiero, sino el mal que no quiero, eso hago» (Romanos 7.19).

Tal vez quisieras ser un padre modelo, un esposo cariñoso, un sacerdote espiritual de tu hogar, íntegro y proveedor de tu familia pero la parálisis te lo impide. Quizá eres una mujer con destino y propósito prometedor. Tu deseo es cumplir con las expectativas que otros han puesto en ti. Deseas ser la mujer virtuosa de Proverbios 31. Una madre que edifica su hogar, que dirige a sus hijos con un ejemplo sabio. Una esposa que puede animar y complementar a su esposo para que éste pueda cumplir los propósitos a los cuales Dios lo ha llamado. Deseas criar, nutrir y alimentar tu hogar con las habilidades, dones y talentos que el Señor puso en ti, pero por la parálisis, no lo has podido lograr.

Quizá eres un joven con una vida brillante por delante.

Tienes los recursos y las facultades para labrarte un futuro sobresaliente. Deseas invertir cosas buenas en tu generación, y quizá sientes que eres la última esperanza para que alguien en tu familia sobresalga. Las presiones son inmensas, nadie entiende tu dolor y frustración, y no falta quien trate de hacer un diagnóstico de tu parálisis. Los muchos consejos sobreabundan en personas con buenas intenciones; sin embargo, todo sigue igual. Toda esta tormenta te ha causado muchas dudas internas en tu vida. La confusión y la inseguridad han sido la norma en el interior de tu alma. La soledad, la tristeza y la falta de confianza han dictado tu presente. Todo esto ha traído un gran costo a tu vida. Tus fuerzas espirituales han menguado. La Biblia dice de la juventud: «La gloria es su fuerza», pero aún estás debilitado al punto de la inmovilidad debido a la parálisis que estás sufriendo.

Conozco a colegas que están pasando por esta etapa horrible llamada «parálisis». Muchos son pastores, evangelistas, maestros, profetas y apóstoles que están pasando por las frustraciones que trae la parálisis ministerial. Dios te ha llamado, aun desde tu niñez, con un ministerio específico. Has visto la mano de Dios obrando, has experimentado la magnitud y la fidelidad del Señor en operación. Ha habido momentos exitosos y visitaciones del Espíritu de Dios indiscutibles, pero ahora la serpiente venenosa ha clavado sus colmillos e inyectado ese veneno mortal en el corazón de tu ministerio. Desde ese momento no has podido funcionar como Dios intentó que fueras desde antes de crearte y llamarte. Tus fuerzas han desaparecido, no confías en nadie y sigues perdiendo ánimo. La visión que Dios puso en ti hoy es sólo un recuerdo. Predicas por profesión, no por convicción. La oración es un rito tradicional.

Quizá tu matrimonio está sufriendo las consecuencias de tu parálisis. Te das cuenta que tu familia es también víctima de la parálisis. Esta parálisis que les ha sobrevenido es peor porque como ministro, dependen de ti. Seas pastor o predicador, tienes que trasmitir esa unción de Dios a otros a través del Espíritu Santo, y si no tienes ese ánimo, no lo vas a lograr. Es imposible dar lo que no se tiene.

Mientras Pedro y Juan se dirigían a la iglesia a orar, se encontraron con un hombre impío, cojo y pobre. Pedro fijó en él los ojos y le dijo: «No tengo plata ni oro, pero lo que tengo te doy». Y este hombre impedido desde su nacimiento recibió la sanidad porque pudo beneficiarse de lo que Pedro y Juan tenían. Amigo, hermano, si estamos paralizados, jamás podremos dar lo que no tenemos. Creo que lo más doloroso es saber que no estamos trasmitiendo lo que debemos de trasmitir simplemente porque estamos paralizados.

El peligro más severo de la parálisis es que no permite que el cuerpo sienta el dolor. El dolor sirve como alarma del cuerpo, el timbre que anuncia que existe un mal. El dolor sirve para avisarte que existe un peligro o algo está anormal. Cuando los nervios están dañados, el cuerpo camina en riesgo. La falta de sensación puede causar problemas muy serios. He escuchado de personas que sufrieron quemaduras severas en sus cuerpos sólo por no sentir el calor. Uno de los efectos graves que tiene la parálisis espiritual es que a veces nos impide oír y sentir la voz del Espíritu Santo. Podemos estar en la presencia de Dios y no sentirlo. Tampoco podemos sentir su convicción o su amor abrasador. David le rogó a Dios cuando dejó de sentir el gozo de su salvación porque estaba paralizado por su pecado. Es menester que sintamos los atributos de Dios. Dice la Palabra que Jehová no menosprecia a un corazón contrito y humillado. Cuando la parálisis toma control del alma, es imposible ser contristado. Cuando uno ora, se siente lejos de Dios; siente que su oración no se está elevando, como si encima de uno hubiera un cielo de bronce, muros de hierro que no permiten que Dios entre o que nuestras oraciones salgan. Batallamos constantemente con el hecho de no tener ninguna sensación. Muchos dicen: «Es que no siento nada». Estoy de acuerdo que nuestra relación con Dios no se basa en nuestros sentimientos; este es un camino de fe. Sabemos que vienen momentos de prueba y tenemos que perseverar hasta recibir la respuesta, algo muy común en la vida normal del creyente, pero cuando se pierde toda sensación por meses o años por causa de un trauma, tenemos que entender que esto no es el plan normal de Dios. Haz un auto examen ahora mismo. ¿Estás luchando con la indiferencia? ¿Sabes que debes perdonar, pero no *sientes* hacerlo? ¿Debes amar pero no *sientes* hacerlo? ¿Debes confiar pero no *sientes* hacerlo? ¿Debes pedir perdón pero no *sientes* hacerlo?

La Palabra de Dios nos enseña cómo debemos vivir, pensar y actuar. Tener dificultades para obedecer los mandamientos bíblicos debe ser razón suficiente para preocuparnos. La parálisis es frustrante. Es usada por el enemigo de nuestras almas para hacerte inútil al llamado, servicio y propósito que Dios ha predestinado para ti.

La hinchazón. Como si el dolor y la parálisis no fueran suficientes, la tercera etapa es la hinchazón. El diccionario define esta palabra como un agrandamiento por una presión interna. Cuando Pablo fue atacado por la víbora, todos esperaban que se hinchara. La evidencia física de que la víctima iba a morir era la hinchazón. La hinchazón es causada por la acumulación de agua y toxinas que el cuerpo retiene cuando los filtros naturales pierden su función.

El filtro del cuerpo son los riñones. Los riñones purifican la sangre y limpian el agua. La sangre depende de estos órganos para mantener su función y dar vida. El tipo de veneno de estas víboras causa hinchazón porque los riñones dejan de funcionar, por lo que el cuerpo se envenena y termina causando la muerte.

El enemigo sabe que si le damos el derecho legal para abrir una puerta, él tomará todo el control para luego envenenarnos. Efesios 5.26 nos enseña que la Palabra de Dios nos limpia, «purificado en el lavamiento del agua por la palabra». El enemigo tratará desesperadamente de ponerte en una situación donde tus riñones no puedan funcionar. Los riñones del creyente son la Palabra de Dios. La Palabra es el filtro de nuestro espíritu, alma y cuerpo. ¿Será coincidencia que lo primero que dejamos de hacer cuando somos atacados es leer la Palabra de Dios? Podemos leer periódicos, revistas, libros y aun gastar horas enteras frente a la televisión pero cuando llega el tiempo de leer la Biblia, nos sobreviene un cansancio y desánimo irresistibles. No sólo abandonamos la lectura sino que también dejamos de creerla, confesarla y utilizarla. Cuando dejamos de leer, creer y confesar la Palabra de Dios, se hace imposible aplicarla a nuestras vidas. El diablo sabe lo que dice el Salmo 1: que el que medita en la ley de Jehová —la Palabra de Dios— de día y de noche «será como árbol plantado junto a corrientes de aguas, que da su fruto en su tiempo y su hoja no cae». Satanás es quién causa las sequías espirituales en tu vida. Reseca corazones, matrimonios y ministerios. Los beneficios de conocer la

Palabra de Dios son muchos. Cuando guardas la Palabra de Dios en tu corazón y la obedeces, es como dice Josué 1.8: «entonces harás prosperar tu camino, y todo te saldrá bien». Con esta verdad en mente es indispensable que nuestros riñones espirituales se mantengan trabajando normalmente.

El veneno hace que los riñones dejen de funcionar, que la Palabra de Dios deje de tener efecto en tu vida. Antes que el ataque viniera a traumatizarte, la Palabra de Dios era el ancla de tu alma. Pero cuando el veneno se desparramó en tu vida, dejaste de leer, de creer, de meditar y de aplicar la Palabra de Dios a tu vida diaria.

Para muchos creyentes, la Biblia es un libro histórico y teológico que usualmente les acompaña a la iglesia y nada más. Sin embargo, cuando estudias el nacimiento y desarrollo de la iglesia primitiva, notarás que durante esa época histórica un sinnúmero de creyentes sacrificaron sus vidas para copiar los manuscritos bíblicos originales, permitiendo así que fueran pasando de generación en generación. Estos hombres sacrificaron sus vidas y derramaron su sangre para preservar la Palabra de Dios.

El peligro está en no leer y creer la Palabra de Dios. ¿Por qué? Porque esta Palabra es el fundamento de nuestra fe (Romanos 10.17). Es el ancla de nuestras promesas. Nuestras oraciones, intercesiones, ruegos y súplicas son respaldados por este sagrado manual de instrucciones llamado la Palabra de Dios. En sus páginas se encuentra nuestra herencia y preceptos para vivir y obedecer a nuestro Señor.

El plan completo y su voluntad para nuestras vidas están en la Biblia. Sin descartar los sueños y las visiones sobrenaturales, las Sagradas Escrituras vienen a ser la manera primordial de Dios para comunicarse con su pueblo.

Estoy convencido de que muchos de los cristianos hoy en día mueren espiritualmente porque no tienen una base bíblica firme. De igual manera, muchos creyentes no han obtenido las promesas de Dios porque han dejado de aplicar la Palabra en sus vidas. Jesús dijo: «Si permanecéis en mí, y mis palabras permanecen en vosotros, pedid todo lo que queréis, y os será hecho» (Juan 15.7).

El denominador común para recibir lo que pedimos es condicional. «Si su Palabra permanece en nosotros, pidamos todo lo que queramos», no lo que necesitemos. ¿Cómo es eso de que Dios me dará todo lo que yo quiero? El secreto está en que cuando permanecemos en Él y su Palabra permanece en nosotros, vamos a pedirle de acuerdo a su perfecta voluntad. Conocemos su voluntad porque está en nosotros. La voluntad de Dios está en su Palabra. Si la leemos y la aplicamos no tendremos que preocuparnos de pedir fuera de su voluntad o pedir contra su voluntad.

Una vez que la Palabra de Dios deja de leerse por causa del veneno, nuestras vidas comienzan a hincharse. Se hinchan porque las presiones internas nos han desfigurado y contaminado.

A veces, los ataques y traumas nos desfiguran y dejamos de asemejarnos a la persona que Dios creó. Dios se alegra en nuestra identidad porque nos hizo a su imagen y semejanza. Una vez nos desfiguramos a consecuencia de la hinchazón, dejamos de representar la imagen y semejanza del Dios todopoderoso. Así como el cuerpo se llena de toxinas, también nuestra vida emocional se contamina con otro tipo de toxinas: la duda, el temor, la ansiedad, el odio, el rencor, el resentimiento, la pobre autoestima, la depresión y otras. El Diccionario Oxford nos dice que las toxinas las causa el veneno. Si estas toxinas permanecen en tu sistema sin que la Palabra de Dios funcione como un purificador y filtro, tu vida espiritual terminará fallando y todo sueño que tengas en tu vientre espiritual abortará.

La Palabra de Dios también es nuestro espejo (Santiago 1.23). Además de estudiarla, me gusta usarla para examinar y ver mi reflexión en ella. Si lo que se refleja en el espejo no es lo que Dios diseñó para mí, sé que estoy en gran peligro y necesito su instrucción divina, su auxilio inmediato.

En este punto quisiera que hagas una pausa y examines tu vida. ¿Cuál es tu reflejo?

¿Estás complacido con lo que ves en el espejo o notas que no es lo que el Señor diseñó para ti? Mi oración es que el Espíritu Santo te demuestre la voluntad del Padre y el diseño divino que Él planificó.

La asfixia. La última fase del ataque es la asfixia y, por lo general, esta es la causa de muerte. La asfixia es causada por la sofocación. La sofocación sucede cuando no se está inhalando suficiente oxígeno. Esto sucede cuando ya el veneno hace que la hinchazón impida que el aire pase por la vía respiratoria. La traquea es la vía que el oxígeno utiliza para entrar a los pulmones por medio de la boca o la nariz. Con la hinchazón, esta vía se cierra debido a la presión y la persona pasa a un estado de inconsciencia antes de morir. La lucha por respirar es un momento agonizante y desesperante. Algo que era tan natural de hacer como respirar, ahora se vuelve una lucha de vida o muerte.

La vía que usamos para respirar y mantenernos en vida es

nuestra relación con Dios. Nuestra relación con Dios es la que nos mantiene vivos y gozosos en Cristo. Nuestra ancla del alma es poder despertar cada mañana con vida para orar y alabar a nuestro Dios. Cuando uno entra en la última etapa sin poder comunicarse o respirar como antes, es causa para desesperarse y entrar en ansiedad y temor. No nos damos cuenta sino hasta ahora lo natural que era inhalar y exhalar. La ciencia médica describe estas acciones de inhalar y exhalar como movimientos involuntarios. Esto significa que, sin tener que pensarlo de antemano, inhalamos y exhalamos involuntariamente; son acciones automáticas o reflejas. De igual manera cuando estamos viviendo de acuerdo a su perfecta voluntad, es absolutamente natural respirar el hálito de Dios. La etapa de asfixia se divide en tres fases. Lucha respiratoria, inconsciencia y muerte.

La lucha respiratoria. La lucha con la vía respiratoria acontece por la obstrucción traqueal. ¿Qué está bloqueando tu vida para impedir que tengas comunión con Dios? ¿Qué te está impidiendo la cercanía que antes tuviste o que anhelas volver a tener? Ahora te encuentras en la etapa donde sientes que con cada segundo que pasa estás perdiendo fuerzas, ánimo y esperanza. Ves a otros a tu alrededor que ríen y respiran con mucha facilidad. Es por demás tratar de explicar por que tú no puedes respirar cuando otros que hicieron cosas peores todavía respiran normalmente. Te haces la pregunta, «¿Qué pasa conmigo?» Ahora te encuentras en una etapa más desesperante. Estás inconsciente.

La inconsciencia. Cuando entras en la etapa de la inconsciencia, dejas de luchar. Tus fuerzas y ánimo te han dejado. Te sientes totalmente incapaz. Meditas en las palabras que el diablo te ha susurrado en el oído que dicen: «Lo has perdido todo: tu herencia espiritual, tu vida, tu matrimonio, tu juventud, tu integridad, tu ministerio, tus sueños y tu destino». Y aunque no te interesa escuchar la opinión del enemigo, no tienes remedio porque estás espiritual y emocionalmente inconsciente.

La muerte. Finalmente, llega la muerte, la separación, que es la última etapa. Debido a la incapacidad de recibir oxígeno, tu corazón deja de palpitar. La muerte es el estado en que se separan el espíritu y el cuerpo físico. Cuando mueres espiritualmente, el diablo es quien asume el manejo final. Te desconecta. Cuando mueres espiritualmente, quedas a merced de tu cuerpo mortal, lo que significa que todas las decisiones y planes de tu vida terrenal son dirigidos por el hombre carnal. Es triste ver a alguien tomar decisiones impulsivas y vehementes. He conocido una buena cantidad de creyentes que fueron obedientes y fogosos respecto del plan de Dios, pero a quienes el enemigo los ha desconectado de la vía respiratoria, que es la presencia de Jehová. La muerte es un acontecimiento muy triste. Saber que la persona ha sido llevada a otro lugar, donde estará separada, es motivo de tristeza. Si en el aspecto humano aun saber que un hermano o un familiar tienen un destino mejor después de la muerte, todavía nos trae lágrimas y dolor, ¿qué será del que no tiene un destino mejor?

El Espíritu de Dios, el cual mora en nosotros, llora y se compadece de su pueblo cuando éste deja que el enemigo determine su muerte espiritual. Jesús dijo que Satanás vino para robar, matar, y destruir (Juan 10.10) y que quiere traer la muerte a tu vida. Esta muerte espiritual te separa totalmente de Dios. Lo triste es que a veces creemos que porque pertenecemos a una iglesia o a un concilio estamos exentos de esta muerte espiritual. Hay predicadores que están predicando desde las catacumbas porque son cadáveres espirituales. No tienen palabra fresca ni la unción que los acompañe porque su relación con Dios está obstruida. La razón por qué no sentimos nada en servicios dónde está la presencia de Dios es porque estamos muertos y los muertos no pueden sentir.

La muerte emocional es de igual manera peligrosa. Las emociones se componen de su mente, voluntad y deseos. Cuando mueres emocionalmente es imposible que lleves a cabo el plan de Dios para tu vida.

Hay mujeres que sufren de complejo de inferioridad por razón de sus esposos, y no han podido recuperarse en cuanto a su salud emocional. Espiritualmente están bien, están activas en la iglesia y perseveran, pero sus emociones no han sido sanadas. Recuerdan y viven a diario los traumas que les provocan dolor en su vida íntima. El diablo les miente diciendo que tienen que hacer el papel de payasos, sonriendo por fuera pero llorando por dentro. Algunas se hacen expertas en disimular su dolor con tal de cumplir con sus tareas y responsabilidades.

La muerte emocional es triste porque no podemos aplicarnos la Palabra de Dios y estar en una posición dónde podamos recibir las bendiciones que Dios quiere darnos. Un ejemplo de esto es lo que la Biblia nos dice en Efesios 1.3, que ya hemos sido bendecidos con toda bendición espiritual en lugares celestiales en Cristo Jesús. Es imposible recibir y aplicar esta bendición continua si no dejamos que ésta sea trasladada a nuestra mente. Efesios 4.23 dice: «Renovaos en el espíritu de vuestra mente». Debido a que somos más que vencedores por medio de aquel que nos amó, tenemos que dejar que nuestro espíritu tenga acceso a nuestras emociones sean cuales fueren las situaciones que nos amenacen. Dios nos ha dado su Palabra poderosa para que nos sea accesible, pero tenemos que meditar en ella de día y de noche (Josué 1.8) para que todo nos salga bien y seamos verdaderamente prosperados. Nuestra mente desempeña un papel importante en obtener y mantener la victoria. Tenemos que ejecutar las victorias que nos pertenecen de acuerdo con la Palabra de Dios. El doctor Tim Warner comenta:

1. La mente te dice: «Eres pecador porque pecas». La Palabra dice: «Eres un santo —al que Dios ha declarado recto— que peca».
2. La mente te dice: «Eres lo que haces». La Palabra dice: «Fuiste hecho a la imagen y semejanza de Dios».
3. La mente te dice: «Tu identidad proviene de lo que la gente dice de ti». La Palabra dice: «Tu identidad proviene de lo que Dios dice de ti».
4. La mente dice: «Tu conducta dicta lo que debes creer de ti mismo». La Palabra dice: «Tu creencia de ti mismo determina tu conducta».

Pues como piensas en tu corazón, así es (Proverbios 23.7). La palabra clave es «pensar». Si dejas que tus pensamientos corran como el viento, nunca tendrás pensamientos diseñados y edificados por las Sagradas Escrituras. Es indispensable que nuestra identidad sea saludable y anclada en la Palabra de Dios. El creyente que tiene sus pensamientos filtrados por la Palabra de Dios, tiene una perspectiva y percepción saludables y agradables delante de Dios.

Preguntas Capítulo 5

1. ¿Cómo puedes relacionarte al dolor explicado en el Capítulo 5?
2. Explica detalladamente las áreas paralizadas en tu vida.
3. ¿Cómo surgió la hinchazón durante el ataque?
4. ¿Cómo te relacionas a las asfixias en tu vida?
5. Escribe cuatro maneras en que podrás contrarrestar estas fases:

Terminal: _____
_____
_____

Dolor: _____
_____
_____

Parálisis: _____
_____
_____

Hinchazón: _____
_____
_____

Asfixia: _____
_____
_____

¿Cómo puedes experimentar la vida «zoe»?

MARK VEGA
ENERO 9, 1970-

Capítulo 6

Están planificando tu funeral

Ellos estaban esperando que él se hinchase, o cayese muerto de repente.

—Hechos 28.6

Dios nos creó con un gran propósito. El destructor de nuestras almas lucha incansablemente para destruir el destino diseñado por Dios para nuestra vida. Este destino ordenado por Dios es condicional. Dios le dijo a Moisés: «Entrarás en la tierra prometida». No obstante, por haber desobedecido a Dios fue Josué quién entró. Dios también le prometió a David, «tú me edificarás un templo» pero por haberle desobedecido, fue su hijo Salomón quien lo edificó. Pablo le dijo a Timoteo: «Este mandamiento, hijo Timoteo, te encargo, para que conforme a las profecías que se hicieron antes en cuanto a ti, milites por ellas la buena milicia» (1 Timoteo 1.18). Tenemos que luchar para que las promesas de Dios se cumplan en nuestras vidas como Dios quiere.

Dios le asegura a Moisés que estará con él y lo usará para liberar al pueblo de Israel de los egipcios. Le explica qué señales y prodigios ejecutará para confirmar su Palabra de manera que Faraón vea que tiene el respaldo de Jehová. Pero, repentinamente, Dios se enoja con Moisés y lo busca para matarlo. ¿Qué sucedió entre los versículos 23 y 24 del capítulo 4 de Éxodo? Dios se complace de Moisés y, primero, lo comisiona para que lleve órdenes para confrontar a Faraón; luego, lo busca para matarlo. Su esposa Séfora toma un pedernal afilado, circuncida a su hijo y arroja el prepucio del niño a los pies de Moisés. Esta intervención de Séfora pacifica a Dios quien tiene misericordia de Moisés.

Moisés parecía pensar que porque mantenía una relación

íntima con Jehová no tenía que circuncidar a su hijo al octavo día según las ordenanzas hebraicas. No obstante, estaba bajo un concepto equivocado al igual que muchos ministros de hoy día. Creen que sus muchos años en el ministerio los exime de obedecer la ley de Dios. A veces creemos que la cantidad de títulos obtenidos o los largos años en el ministerio nos dan el derecho de tomar atajos o desvíos. Nos equivocamos cuando no cumplimos con las ordenanzas o los mandamientos dados por Dios. Nota bien, aunque Dios había llamado a Moisés y prometió usarlo para liberar a su pueblo, ahora lo busca para matarlo. No tomes tu llamado o la promesa hecha a ti a la ligera; seamos obedientes para agradar a Dios en todo. Tú controlas tu destino.

Cuando Pablo es atacado por la víbora, todos esperaban que cayera muerto. El enemigo de nuestras almas espera que caigas también. Quiere terminar contigo lo más pronto posible. Considerando todo lo que ha pasado en tu vida, el diablo está preparando tu funeral.

Al ver los muchos que han ido antes que nosotros y que han caído y muerto, puedo imaginarme y ver a la gente que rodeaba a Pablo en aquel instante y decirse uno al otro: «Busquen las palas; preparen el lugar para su entierro». Todos anticipaban su muerte. Es posible que algunos incluso estuvieran deseando que sufriera una muerte lenta porque creían que era el juicio de Dios sobre él. Otros quizás se regocijaban por lo que le esperaba. Y aun a otros no les importaba la forma en que habría de morir. Durante el caos que se precipitó a raíz del incidente, se formó una multitud para ver lo que seguía después. Todos esperaban que Pablo muriera. Es probable que comenzaran a medir el tiempo que se llevaría para sepultar a este hombre llamado Pablo. Esperaron y esperaron, y siguieron esperando.

Es increíble como este acontecimiento se puede asemejar a los ataques en nuestras propias vidas. El diablo con todo su ejército, sin conocer el futuro, pone mucha atención a cómo reaccionas cuando eres atacado para luego celebrar. Si quieres dañar al diablo, adora a Dios en medio de la tormenta; marcha alrededor de tu casa y glorifica a Dios en medio del dolor. En lugar de tomarte un antidepresivo cuando sientes esos síntomas que quieren dominar tu mente y tu cuerpo, busca la Biblia y comienza a cantarle salmos al Señor. No le des a Satanás la satisfacción de reaccionar con temor e inseguridad. Mientras lees este libro quizá estés pensando en el ataque que todavía estás sufriendo en tu vida. Quiero que sepas que en esos momentos difíciles e incomprensibles Dios está a tu lado y con la fidelidad de un auténtico amigo, desea ayudarte.

Mientras estás pasando por el fuego de la prueba, los demonios están celebrando. Mientras lees este libro, tus enemigos preparan tu funeral. Ensayan los responsos que dirán ante tu sepultura. Habrá otros que le darán lustre al féretro, sonriendo y gritando a voz en cuello: «¡Finalmente ha muerto _____! (tu nombre) Ya no nos causará más dolores de cabeza. Ya no tendremos que reforzar las puertas por causa de él».

Nuestros enemigos son más que sólo ángeles caídos, también existen enemigos de carne y sangre (Salmo 3). Estos están comprando su traje negro para desfilar en tu funeral. Están preparando tu lápida, están ensayando el pésame.

Observa bien a tu alrededor. Todos están presentes en tu funeral. El diablo y sus demonios, tus enemigos, todos ellos están celebrando. La lápida tiene inscrito tu nombre, tu fecha de nacimiento junto con la fecha predicha de tu muerte espiritual. El enemigo la puso allí. Se ha excavado el pozo, los testigos de esta última escena de tu vida están deseosos de que el director de la casa funeraria dé comienzo a tu servicio fúnebre. Todos están listos. Los preparativos ya se han hecho, y el enemigo está feliz. Sin embargo, existe un problema. El féretro está vacío. ¿Estás listo para morir? Hazte esta pregunta, pues eres tú quien controlas tu destino. Dios te ha suplido todo lo necesario para que vivas según Juan 10.10. No hay cosa peor que sentir el dolor del rechazo. Cuando ves a todos celebrar tu muerte sientes la crueldad de tal acto. Cristo puede compadecerse e identificarse con tu dolor. Durante las últimas doce horas, desde el momento que fue aprehendido en Getsemaní, Jesús sufrió escarnio y fue azotado. El pueblo judío, al que Él vino a buscar y a salvar, fue el primero en condenarlo a muerte. Si hay alguien que puede compadecerse de nuestras debilidades, es Cristo, el Salvador del mundo. Dice su Palabra que Él fue tentado en todo. Estoy seguro que Jesús fue tentado a que no muriera cuando le ruega al Padre diciendo: «Padre, si es posible haz que pase de mí esta copa». Jesús le está pidiendo al Padre que lo libre de la tormenta.

El regalo más precioso que Dios da a los seres humanos es el libre albedrío. La voluntad propia, la libertad de escoger por nosotros mismos. Es un arma poderosa dada por Dios a los seres humanos. El corazón de Dios se llena de alegría cuando por voluntad propia nos rendimos a Él para que haga con nosotros como quiera.

Y Dios dio a su Hijo como sacrificio eterno para que todo aquel que en Él cree no se pierda mas tenga vida eterna (Juan 3.16). Ahora nos toca a nosotros aceptar o rechazar. Tenemos el poder de tomar la decisión de continuar como buenos soldados de la fe o rendirnos en el camino. Jesús dijo: «El reino de los cielos sufre violencia y los violentos lo arrebatan». Toma nota de los que se han determinado a no perder sino a ganar; los que van a recibir su recompensa de parte de Dios. Quiero decirte que tu victoria está en tu determinación de no perder. La mujer que padecía del flujo de sangre optó por no morir. Por su fe persistente obtuvo su sanidad, se abrió paso por entre la multitud que la rodeaba aunque tuvo prácticamente que arrastrarse. Sin duda que en su intento fue criticada, pateada, le echaron polvo en la cara, sufrió humillación; sin embargo, se mantuvo firme en su decisión. Y a través de su fervor y su pujanza, logró recibir su milagro. Fue recompensada con virtud y sanidad de parte del Señor. El ciego Bartimeo recibió la vista pero tuvo que clamar hasta ser oído por el Señor.

Cristo voluntariamente se despojó de su gloria, de su omnipresencia, de su omnisciencia y de su omnipotencia. Como cordero fue llevado al matadero. Cuando Pedro le cortó la oreja derecha a Malco, aquel siervo del sumo sacerdote, Jesús lo reprendió diciéndole: «¿Acaso piensas que no puedo orar a mi padre y que él no me daría mas de doce legiones de ángeles?» Jesús aquí revela la esencia de su humildad voluntaria y cómo se mantiene en la perfecta voluntad del Padre.

En su omnisciencia, el Padre ha visto tu dolor. Él conoce los acontecimientos horríficos que has sufrido, pero a pesar de todo ello, el enemigo todavía no puede invadir o manipular tu voluntad. Tú necesitas armarte de determinación y decidir continuar hasta llegar al próximo nivel con Dios. Amigo o amiga, mira lo que te ha acontecido. Considera la trayectoria de tu vida. Ha sido dolorosa, pero con propósitos ordenados por Dios. No puedes rendirte ahora. Si crees, verás el propósito de Dios manifestarse a su debido tiempo.

¡Aguanta! Si sigues luchando para resistir al maligno, te aseguro que a su debido tiempo Dios se encargará de honrarte.

Un médico recientemente me explicaba que una persona joven tiene menos posibilidades de sobrevivir a un infarto que una persona de mayor edad. Esto ocurre porque mientras la persona crece en años, su corazón va fabricando nuevas venas. Tales venas se llaman venas subsidiarias. La expresión *garantía subsidiaria* es muy popular entre las instituciones financieras que miden el valor de las posesiones que sus clientes han acumulado con el tiempo. Mientras el corazón palpita millones de veces a través de un largo tiempo, va creando venas nuevas que son absolutamente necesarias. Si un adulto sufre un infarto, las venas subsidiarias reciben el mayor impacto, librando a la persona de un daño mayor. A pesar de que el corazón de un joven es mucho más fuerte que el de una persona de mayor edad, cuando sufre un infarto, en la mayoría de los casos es fatal por no tener esas venas subsidiarias. «Todas las cosas ayudan a bien» (Romanos 8.28). Con cada circunstancia que viene a tu vida, sea un ataque, un trauma, una lucha o una prueba, acuérdate que con eso estás fabricando venas subsidiarias. Sin darte cuenta, estás desarrollando una unción todavía más fuerte que viene a contrarrestar los ataques del enemigo en el nombre de Cristo Jesús. No mires a tus enemigos, porque seguramente te desanimarás. Estoy convencido de que Pablo decía para sí: «Tú me llamaste a sufrir por tu nombre, a predicar tu Palabra a los gentiles, a reyes y a los hijos de Israel; tu misión para mi vida todavía no ha terminado».

Pablo entiende que tiene un llamado especial en su vida, y el diablo no está nada de contento. En aquel momento crucial no pierde su tiempo en mirar a los que están presentes; mira al futuro, al plan, propósito y misión de Dios para su vida. Considerando todo el plan de Dios y el lugar que él jugaba en este plan, no estaba listo para morir.

Examina tu vida ahora y mira de dónde Dios te ha librado. ¿Crees que tu vida debe terminar así? Existe un propósito y un plan que todavía no se ha logrado en su totalidad. El ataque presente —igual que el que ayudó a Pablo a cumplir su ministerio— te ayudará a formarte para ser la persona que Dios puede usar. No dejes que el ataque presente termine contigo. Úsalo como una experiencia y decide en tu espíritu perseverar hasta el fin. Rehúsa vivir, orar y actuar de acuerdo a lo que otros dicen o te presionan a hacer. Prefiero vivir de acuerdo con lo que Dios dice y piensa de mí, y no con lo que dicta la situación presente que pronto pasará.

La decisión es tuya

Pablo toma la decisión de vivir y no morir. Y también de creerle a Dios. ¿Qué decisión escogerás tú? Aunque hayas pasado por el naufragio, la tormenta, el frío, la lluvia y la mordida de la serpiente, Dios ha permanecido a tu lado listo para librarte de todo caso inexplicable. Muchos de nosotros no entendemos todo lo que nos pasa, pero Dios sí lo ve y lo entiende todo. Él espera que decidas lo que vas a hacer: continuar en su plan o abandonarlo todo. Dios no puede operar ni manifestarse en tu vida a menos que tú decidas no morir. Invítalo a mostrar su poder en tu vida. Él promete no despreciar un corazón contrito y humillado.

Preguntas Capítulo 6

1. ¿Cuáles son algunos ataques notables que podrías estar sufriendo actualmente?
2. Explica el término «venas subsidiarias». ¿En qué forma son beneficiosas?
3. ¿Estás listo para morir antes de ver tu milagro?
4. Describe tres maneras en las cuales has decidido vivir.
5. ¿En qué manera invitarías a Dios a mostrar su poder en tu vida?
6. ¿Qué ves acerca del plan, propósito y misión de Dios para tu vida cuando miras hacia el futuro?

MARK VEGA

ENERO 9, 1970-

Capítulo 7

El antídoto

Guarda el buen depósito por el Espíritu Santo que mora en nosotros.

—2 Timoteo 1.14

¿Qué poseía Pablo que no le permitía morir como cualquiera otra víctima? Con frecuencia me pregunto: ¿Qué poseía la iglesia primitiva que rehusaba negar su fe? Estaba dispuesta a enfrentar cualquier persecución, hasta la muerte. La historia que habla de los mártires relata de familias enteras que fueron devoradas por leones sólo por no negar su fe. La historia de los mártires creyentes que sufrieron tortura todavía es un tema muy conocido entre mucha gente; hombres y mujeres que estuvieron dispuestos a utilizar esos momentos finales de sus vidas provechosamente.

Jesús hace lo mismo en sus momentos finales. Puedo imaginarme que los discípulos, con lágrimas en sus ojos, escuchaban atentamente sus últimas palabras. Lucas escribe en su Evangelio (24.49) lo que Jesús les dice a sus discípulos: «He aquí, yo enviaré la promesa de mi Padre sobre vosotros; pero quedaos vosotros en la ciudad de Jerusalén, hasta que seáis investidos de poder desde lo alto». Ellos quizás preguntarían: «¿Poder, qué poder, y para qué?» Lucas también nos dice en Hechos 1.8 que las últimas palabras de Jesús en la tierra fueron: «Pero recibiréis poder, cuando haya venido sobre vosotros el Espíritu Santo, y me seréis testigos en Jerusalén, en toda Judea, en Samaria y hasta lo último de la tierra». Es interesante que la palabra «testigos» es *martus* en el griego que se traduce al español como *mártir*.

Después de estudiar esto, entendí que Jesús sabía que ellos darían sus vidas por Él y, en lo natural, no darían un paso sin ser revestidos del poder divino.

El poder en el día de Pentecostés llegó al aposento alto cuando todos fueron bautizados con el Espíritu Santo; finalmente, aquellos creyentes dieron sus vidas por la causa del evangelio. Cuando comparamos los tiempos del pasado con los tiempos presentes vemos que ha habido un decaimiento en la tarea evangelizadora, no sólo en la iglesia sino entre los creyentes. Muchas personas hoy día tienen vecinos a quienes nunca les han presentado el evangelio. Trabajamos o estudiamos con inconversos y no nos atrevemos a hablarles de Cristo. Estamos rodeados de personas a quienes les espera una eternidad de perdición e ignoramos el tema por completo, por vergüenza o molestia. El sólo pensar en salir de nuestra comodidad nos incomoda.

Diría que los causantes de este dilema somos nosotros, los ministros.

Hemos definido al Espíritu Santo como un objeto o una cosa, y no como una persona. Metafóricamente, la Biblia usa símbolos (viento, paloma, fuego, agua, aceite, ríos de agua viva) para dar una descripción de sus características, pero no hemos enseñado acerca de su personalidad. El Espíritu Santo es la tercera persona de la Trinidad y es Dios. Dios no sólo está *con* nosotros o *por* nosotros, sino que Dios está *en* nosotros. Piénsalo de esta manera... ¡Dios viviendo en ti! Pablo no cayó víctima de la serpiente porque Dios estaba en él. Cuando la zarza ardía en el desierto junto al Monte Sinaí, lo milagroso no era que se oía una voz salir de ella, sino que no se consumía la zarza que ardía con fuego. Lo grande no es que estés pasando por el fuego, lo milagroso es que en el fuego sigas reflejando la imagen de Dios. Primera de Corintios 10.13 dice: «No os ha sobrevenido ninguna tentación que no sea humana...» Las tribulaciones en la vida del creyente deben anticiparse. Lo que debemos de asegurar es que estamos cubiertos bajo la sombra que es más alta que la tribulación. La razón por la que la zarza no se consumía era porque Dios estaba en ella. Dios no libró a Sadrac, Mesac y Abednego *del* fuego, sino que los protegió, los libertó *en* el fuego. «Pero si somos atribulados, es para vuestra consolación y salvación». El Espíritu Santo ha sido dado a este mundo para traer convicción de pecado, para llamar a los pecadores a tener un encuentro con Cristo y también para capacitar a la iglesia para que viva intencionalmente, para ser ganadores de almas y testificar sin temor. El Espíritu Santo en la vida de Pablo es más que una religión, es una persona que comparte una relación intima con él. Sin capacitación divina, Pablo no habría podido sobrevivir a ese ataque feroz.

Sin Pablo, las dos terceras partes del Nuevo Testamento no se habrían escrito, la iglesia nunca se habría formado y el plan de Dios tampoco se habría realizado. Pablo no entiende su futuro. No sabe cuál es el plan exacto de Dios para su vida pero sí sabe que hay un plan para él.

Tal vez no entiendas por qué el diablo te ha atacado tan intensamente; por qué has tenido que luchar desde tu niñez para sobrevivir, y por qué la muerte te ha procurado llevar. Por qué te han sobrevenido traumas, malas experiencias, ataques mentales, pleitos familiares, sociales y financieros. No es porque seas odiado por Dios; al contrario, es porque Dios usará toda experiencia negativa para glorificarse en ti. Dios usa lo peor de nuestra vida para que podamos compadecernos de otros que pasan por lo mismo que nosotros hemos pasado. Por eso es que la Biblia dice que somos cartas abiertas, porque hemos sido creados para que el mundo lea que por la gracia de Dios hemos sobrevivido. Pasamos por el fuego, la muerte, tragedias, traumas, pero todavía estamos de pie, confiando en el Dios que cumple promesas. Años después, Pablo escribió a la iglesia en Roma: «Pues tengo por cierto que las aflicciones del tiempo presente no son comparables con la gloria venidera que en nosotros ha de manifestarse» (Romanos 8.18).

Dios nos quiere usar para ganar a otros a través de nuestras lágrimas, luchas y dolores. Nuestro dolor y nuestras pruebas son los elementos más potentes para ganar a otros para Cristo porque contrarrestan el mensaje que lanza el enemigo hacia el mundo y que dice: «Nadie te entiende, estás solo en tu dolor».

Dios nos libertó de un área específica para que pudiéramos libertar a otros que estén en esa misma condición. Hay que notar que esa área donde fuiste herido tiene mayor poder y unción que las otras áreas de tu vida. Nadie puede relacionarse, compadecerse, o ministrarle a una joven que está contemplando tener un aborto como la persona que pasó por una situación semejante; que vio la mano de Dios traer perdón, sanidad y restauración a su vida. Un diamante, en su etapa original, es carbón. El carbón es feo, no tiene nada de atractivo y sucio. Nadie se pone un anillo o prenda hecha de carbón. Jamás se ha visto a una mujer usar una cadena con un carbón colgando de su cuello. Para convertirse en diamante, el carbón tiene que pasar por un proceso; sufrir presión y calor excesivo. No es por un día o por un año, sino por décadas. El proceso es extenso y detallado. Cuando está pasando por el proceso, el carbón tiene que mantener su integridad y no romperse. Si se desintegra en el proceso, jamás alcanzará su potencial: ser un diamante. Tiene que sufrir el proceso y mantenerse íntegro, sin dejar que el calor y la presión lo priven de ser la piedra más preciosa del planeta.

Si Pablo se hubiera desintegrado en el momento del ataque, nunca se habría convertido en el tesoro que Dios utilizaría para revolucionar al mundo. Años después habría de escribir en una de sus cartas: «Pero tenemos este tesoro en vasos de barro». No cabe duda que él entendió que su vida fue un proceso de formación, de carbón a diamante.

Debes preguntarte, ¿cómo se va desarrollando mi formación? ¿Estoy brillando en el proceso o estoy desintegrando la oportunidad que Dios me ha dado para alcanzar mi destino y el plan para mi vida? Dios sabe que solos nunca podríamos realizar su plan; por eso nos ha dado el antídoto para no morir o deshacernos en los momentos difíciles. Recuerda, Dios no nos dejará ser tentados más de lo que podemos resistir, sino que juntamente con la tentación nos dará la salida. No seas tentado a rendirte, a tirar la toalla. Resiste la tentación y utiliza el antídoto. Pelea, lucha y resiste los deseos que te podrían descalificar para ser usado con mayor fuerza. Si ahora mismo estás pasando por una situación o ataque venenoso, acuérdate que aunque no veas el veneno, este ataque es para tu consolación y salvación. Pronto te regocijarás y celebrarás por el problema que ha traído lágrimas a tu vida. Tu lamento se cambiará en baile, tu tristeza en gozo, pero todo depende de que te mantengas en el proceso sin fallar. ¡No te desintegres!

La presencia del Espíritu Santo morando en vosotros

El hecho de que Dios mora en nosotros nos hace un blanco para el enemigo, más que lo hace nuestro nivel económico, raza, cultura o fisonomía. Nunca he visto a alguien asaltando a un vagabundo, sólo a las personas que cargan consigo algo de valor. El hecho de que Dios vive en ti, te hace un candidato para ser atacado por el enemigo. Él no quiere que alcances los límites, las proyecciones, las metas y los anhelos que Dios ha propuesto en su corazón para ti.

Cuando el Espíritu Santo mora en ti, te favorece para terminar en victoria cada vez que el enemigo intente atacarte para hacerte daño o causarte pérdidas. Cuando el Espíritu Santo mora en ti, te preserva para que nunca te contamines con el pecado de este mundo. Un pez puede vivir años en el agua salada; duerme, come, vive rodeado de esta agua salada, pero cuando se le saca del agua y se prepara en la cocina, se le tiene que añadir sal para que tenga sabor. ¿Cómo es esto? Mientras vivió todos esos años nadando en el agua salada, nunca se contaminó. Y no se contaminó porque sus escamas, que son su defensa natural, protegían su cuerpo. Las defensas del pez lo protegieron para no contaminarse. Así es cuando el Espíritu Santo mora en ti. Él te preserva del pecado y de la muerte espiritual.

Cuando el Espíritu Santo mora en ti, te hace consciente de su presencia. Creo que las ocasiones que hemos caído no ha sido intencionalmente, sino porque nos hemos olvidado de su presencia que vive en nosotros. Cuando nos insensibilizamos al pecado o jugamos con las tentaciones, frecuentamos las serpientes y jugamos con el fuego, la presencia del Espíritu Santo se apaga en nuestras conciencias. Esto hace que la presencia poderosa de Dios viva incógnitamente en nuestro subconsciente y que se abra de par en par alguna puerta en nuestras vidas para estar a la merced de los ataques y pecados.

La iglesia de hoy se ha olvidado que la presencia del Espíritu Santo habita en nosotros. Esto se evidencia en lo que vemos en la televisión, la música que escuchamos, en las mentiras que salen de nuestras bocas, en lo que permitimos que vean nuestros ojos. La falta de integridad en el pueblo de Dios hoy día es otra señal de que no hemos caído bajo la convicción del Santo Espíritu de Dios que supuestamente mora en nosotros.

Hace algunos años salió al mercado un brazalete que decía: ¿Qué haría Jesús? (WWJD) Aquello sirvió para crear conciencia en los jóvenes de la presencia moradora de Jesús en ellos; para motivarlos a imaginarse lo siguiente: si Jesús estuviera en este mundo ¿qué hubiera hecho en determinadas circunstancias? Esto serviría para tomar decisiones de acuerdo a lo que Jesús haría. Esto también serviría para ayudarnos a recordar de lo que Jesús haría estando en nuestra posición. ¿Qué decisión tomaría? No veo nada de malo con esto, simplemente creo que debemos reconocer que nuestras convicciones para vivir justamente delante Dios sin contaminación pecaminosa debe originarse, no sólo en un brazalete, sino en nuestra relación con el Espíritu Santo, el cual vive en nosotros.

El Espíritu Santo no es un amuleto mágico sino que habita en cada uno de nosotros para dar testimonio de Jesucristo; para ayudarnos en nuestras debilidades y para capacitarnos para ser más que vencedores.

Pablo sabía que la presencia de Dios moraba en él, y por eso sintió confianza y seguridad; reconocía que Dios tenía el plan de su vida en sus manos. No había razón para temer o sentirse inseguro. Cuando descubrimos que el Dios grande y poderoso vive en nosotros es cuando entendemos que fuimos creados para ser conquistadores y vencedores. El fracaso y la derrota no están en el plan de Dios para nosotros. Dios nos ha programado para ser vencedores. Judas 24 dice: «Y a aquel que es poderoso para guardaros sin caída, y presentaros sin mancha delante de su gloria con gran alegría...»

David dijo que somos saetas en las manos del arquero. Dios nos está apuntando hacia el campo del enemigo. Las saetas fueron preparadas por el proceso del martillo, el fuego y el afilamiento. Tu vida ha sido amartillada, amolada y encendida por circunstancias muy desagradables, pero sonríe y confía que Dios te sostiene de tu mano. Él es el arquero. El arquero no fallará. Hemos sido hechos para derribar las fuerzas del enemigo. Confía en Dios a pesar de lo que esté aconteciendo en tu vida ahora. Descansa ya, porque tu arquero sabe que has sido perfeccionado para la misión. Lo que determinará que la saeta llegue al blanco es su resistencia contra la cuerda del arco. La resistencia tiene que existir para darle fuerza a la saeta y para impulsarla. ¿Te das cuenta ahora por qué ha sido necesaria la resistencia en tu vida? Dios está a punto de usarte para destruir a tus enemigos. Anímate, Dios te tiene en sus manos y pronto verás la victoria más grande en tu vida.

La resistencia es lo que va a acelerar tu viaje a la victoria. Es posible que en este mismo momento Dios esté jalando la cuerda para formar en nosotros un buen carácter, disciplina, integridad y poder. Él sabe cuándo dejarnos ir pero quiere estar seguro que a mitad del viaje no perderás la fuerza para llegar al blanco. Si pierdes propulsión, no llegarás a la meta o al blanco señalado. Es necesario que Dios nos jale hasta estar seguros que tenemos lo necesario para cumplir fielmente la misión.

Seguridad y confianza en Dios, es su plan para mi vida

«Los que confían en Jehová son como el monte de Sion que no se mueve, sino que permanece para siempre. Como Jerusalén tiene montes alrededor de ella, así Jehová está alrededor de su pueblo» (Salmo 125.1-2). Tú eres, en forma corporal o singular, el monte de Sion. Somos la iglesia de Jesucristo. Sion fue fundada sobre una roca. Su fundamento es firme y permanente. Nosotros, la iglesia de Cristo, también hemos sido fundados sobre la Roca. Tan valioso es el monte de Sion que nuestra seguridad es impenetrable y las puertas del infierno no prevalecerán contra ella. Los que confían en Jehová son establecidos firmemente sobre las promesas de Dios. Isaías 7.9 dice: «Serán como el monte de Sion». No pueden ser removidos por el príncipe del aire, ni por su ejército o sus estrategias. No podrán ser removidos de su integridad o de su confianza en el Señor.

Cuando aprendamos a confiar en Dios, Él pondrá montes a nuestro alrededor, dándonos así la seguridad para pensar diferente. Dios es nuestro amparo y fortaleza, nuestro pronto auxilio en las tribulaciones. Él promete cuidar de nosotros. *Si él cuida de las aves, cuidará también de ti*, asegura el poeta. E Isaías 44.2 dice que antes de nosotros ser concebidos, Dios tenía su plan preparado para nosotros. Él nos ayudará a cumplir sus propósitos de acuerdo con su perfecta voluntad. Cuando pienso en esta verdad crucial, recibo ánimo y valor porque entiendo que todo lo que he sufrido en mi pasado es con el fin de prepararme para este día de hoy. No tengo por qué cuestionar a Dios. Si nací pobre en un hogar disfuncional, sufriendo abusos, reflejo en el hecho de que Dios está conmigo y me rodea de su protección divina.

Esto es importante en nuestro desarrollo, porque cuando alguien nos ofende, nos maltrata o nos traiciona, no es para dejar de servir a Dios o descarriarnos, sino para nuestra consolación y nuestra salvación (2 Corintios 1.6). Cada incidente pasado o futuro nos deja saber que Dios nos ama y nos quiere librar.

¡No esperes que muera!

«Mas viendo que ningún mal le venía, cambiaron de parecer» (Hechos 28.6).

En este mismo momento el enemigo te está mirando. Quiere saber si te vas a rendir o si vas a continuar en este camino difícil. «El diablo anda como león rugiente buscando a quien devorar». «Buscar» es una palabra interesante. La Biblia nos enseña que Dios busca adoradores que lo adoren en espíritu y en verdad. «Porque los ojos de Jehová contemplan toda la tierra [buscando], para mostrar su poder a favor de los que tienen corazón perfecto para con él» (2 Crónicas 16.9, *añadido del autor*).

Mientras no reconozcamos esto, no vamos a reaccionar correctamente. Hay una audiencia que nos observa. Quiere ver cómo reaccionamos. Hebreos 12.1: «Por tanto, nosotros también, teniendo en derredor nuestro tan grande nube de testigos, despojémonos de todo peso y del pecado que nos asedia, y corramos con paciencia la carrera que tenemos por delante». Rodeados por una gran nube de testigos; el cielo nos mira, los ángeles también, sean los de adentro o los de afuera. Así como tenemos una gran nube de testigos, tenemos una gran nube de enemigos, asesinos, que de igual manera nos miran para condenarnos.

En Hechos 19.15 se nos dice que los hijos de Esceva, exorcistas ambulantes, intentaron liberar a un endemoniado. Pero cuando se enfrentaron con el demonio, este les dijo: «A Jesús conozco, y sé quién es Pablo; pero vosotros, ¿quiénes sois?» Con la más firme convicción puedo afirmar que Satanás no es omnipresente, ni omnisciente, ni omnipotente, pero sí es astuto y sagaz. Pablo nos dice que no podemos ser ignorantes a las asechanzas o artimañas del diablo. El reino satánico es estratégico y quiere que tú obres en la carne. La vida carnal interpreta todo acontecimiento y trauma en forma equivocada. La mente carnal hace una observación de todo trauma, ataque, injusticia, maltrato y decide: «¡Ya no más! No vale la pena, no vale el sacrificio ni la pérdida de tiempo». Los doctores dicen que cuando alguien está a punto de morir, se suelta de lo terrenal para entrar en lo eterno. De igual manera, con este libro en tus manos, tienes el poder para morir ahora o seguir luchando y conquistando terreno para el Señor. Los que rodeaban a Pablo en aquella isla esperaron mucho tiempo que el apóstol muriera. De igual manera, el diablo espera para que tú también mueras. Me imagino a los demonios, tomados de las manos, viendo si el futuro de Pablo abortaría, si cesaba la promesa sobre él, y si los Timoteos en la fe quedarían sin un mentor y padre espiritual. El enemigo no sólo se fija en el presente, sino en el plan futuro y completo del Señor para tu vida. Hay personas a las que vas a impactar. Una generación espera el bastón de mando. No lo dejes caer.

Preguntas Capítulo 7

1. ¿Cómo puedes relacionarte con el «antídoto»?
2. ¿Qué papel asume el Espíritu Santo en tu vida personal?
3. ¿Qué áreas califican como fuego y cuáles como presión en el proceso que experimenta el carbón para llegar a ser un diamante?
4. Describe tres maneras que te hacen sentir que estás en el proceso de transformación de carbón a diamante.
5. ¿Qué principios prácticos puedes aplicar de Judas 24?
6. ¿Qué mensaje le enviarías a los enemigos que esperan tu muerte?
7. Así como Pablo hizo con Timoteo al dejarle su legado espiritual, ¿puedes nombrar a un Timoteo que Dios haya puesto en tu vida para de igual manera transferirle ese legado?

MARK VEGA
ENERO 9, 1970–

Capítulo 8

Sólo queda una cicatriz

Porque yo traigo en mi cuerpo las marcas del Señor Jesús.
—Gálatas 6.17

Cuando Pablo inicia su ministerio como apóstol, pastor, evangelista, maestro y profeta, lleva consigo un recordatorio de cómo Dios lo había liberado de la muerte: una cicatriz en su mano. Con cada carta que escribe (las dos terceras partes del Nuevo Testamento las constituyen sus trece epístolas), sin duda que refleja cómo Dios ha estado con él. Mientras escribe desde la cárcel, la llama de la vela alumbra la cicatriz de su mano. La cicatriz, marcada con dos puntitos —los colmillos de la víbora— es un seminario, un mensaje y un recordatorio del plan y la misión de Dios para su vida. El poderoso mensaje de la cicatriz es: «lo sufrí, lo sobreviví, y ahora tengo licencia para hablar de ello».

Cuando oraba con sus manos alzadas, veía las marcas que había dejado la serpiente en su mano. Esto le daba inspiración para seguir adelante sin importarle lo que estuviera pasando en ese momento. Él sabía que el mismo Dios que había cicatrizado sus dolorosas y sangrantes heridas, iba también a cicatrizar su dolorosa y penosa situación. Dios continuaría siendo glorificado a pesar de las circunstancias.

Al imponer sus manos sobre los enfermos y cada vez que miraba su cicatriz, sin duda que Pablo recibía más inspiración y fe. Cuando impuso sus manos sobre Timoteo (2 Timoteo 1.6) no sólo oró para que la unción lo capacitara sino también para que le fuera impartida tenacidad y pujanza para resistir todo ataque contra él. Cuando imponía sus manos para que los creyentes recibieran el Espíritu Santo también pedía que el mismo Espíritu cicatrizara toda herida sufrida en el camino de esos nuevos convertidos. Cuando miraba su mano, la cicatriz lo trasladaba a esa noche inolvidable (Hechos 28.3-6), recordándole del antídoto del Espíritu Santo que lo liberó de una muerte segura. No había posibilidad de que enfermedad alguna resistiera esos ríos de fe que fluían de la vida de Pablo.

En los tiempos en que vivimos, las cicatrices se consideran desagradables y vergonzosas. Quienes llevan estas marcas tratan de borrarlas o disimularlas. Se aplican toda clase de cremas de maquillaje y hasta mantequilla de cacao con el fin de hacerlas desaparecer; sin embargo, la vida en Cristo es diferente. Mientras más cicatrices lleves en tu cuerpo, más oportunidad tendrás de honrar a Dios por su fidelidad. Una cicatriz muestra el lugar donde una herida o lesión ha sanado. Según el diccionario de Oxford, sanar es unir lo que ha sido cortado o roto. Jacob fue transformado de usurpador y engañador a patriarca. Dios le da un nuevo nombre, una nueva identidad y una nueva cicatriz. Junto con la herencia de naciones que Dios le da, recibe una herida en su muslo que lo hará cojear por el resto de su vida. Su cicatriz no sirvió de vergüenza sino de honor y agrado hacia su Dios. Cada paso que daba era un recordatorio de su dependencia total de Dios.

Este capítulo debe quedar claro en nuestras vidas. A veces hacemos oraciones contrarias a la voluntad de Dios. Le pedimos que haga desaparecer las cicatrices en nuestra vida sin entender que esa cicatriz es necesaria para realizar el destino que Dios ha diseñado para nosotros. Tus oraciones serán más fervorosas, tus cánticos serán más apasionados y tu testimonio será más convincente cada vez que uses tu cicatriz como un arma poderosa en Dios.

Dios quiere cicatrizar toda lesión en tu vida presente para

glorificarse en tu pasado. Tu herida presente será tu bendición futura. No tendrás que esconder el hecho de que perdiste una batalla, de que fuiste imperfecto, malvado o maltratado sino que más bien lo exhibirás al mundo entero con valentía, confianza y seguridad. La cicatriz en la mano de Pablo tenía una historia que todo el mundo tenía que escuchar. Haz celebración de tu cicatriz porque será la llave que abrirá puertas, cruzará fronteras, traerá bendiciones y hará posible que te relaciones con gente que está pasando por lo mismo o aun situaciones peores. Aprende a hablar y a presentar esa cicatriz con autoridad y confianza.

Recuerda, la cicatriz es la marca de una herida sanada. El antídoto del Espíritu Santo y el bálsamo del Señor Jesucristo nos han librado de lo que el diablo tenía planeado; la evidencia que tenemos de esta gran victoria es nuestra cicatriz. No todas las cicatrices son iguales; más bien todas son diferentes. No existen dos que sean iguales. Vienen en diferentes tamaños y distintas formas. Algunas son más grandes que otras. Pero todas tienen una historia que contar. El que no ha descubierto el verdadero significado de su cicatriz está malgastando una vida completa tratando de cubrirla u ocultarla. Descubramos nuestra cicatriz y démosle gloria a Dios por ella. Tu vida tomará una trayectoria explosiva cuando compartas tu cicatriz y tu historia con el mundo. Pablo aprendió a compartir sus cicatrices y entendió que eran un arma poderosa. «Porque yo traigo en mi cuerpo las marcas [cicatrices] del Señor Jesús» (Gálatas 6.17).

Pablo nunca olvidó el valor de las cicatrices que llevaba en su cuerpo. Siempre hacía mención de ellas y las recordaba. Hacía referencia a sus marcas como el buen soldado lo hace de las medallas que le son otorgadas por su excelente servicio militar. Él sabía que sus cicatrices servirían para implementar el plan y el poder del evangelio. Nuestro país ha hecho olvidar a muchos el poder de sus cicatrices al punto de presentar excusas por tal abandono del reconocimiento. Nos hemos intelectualizado tanto que hemos soportado la idea de tal abandono; decidimos mejor enterrar la idea de las cicatrices para nunca volver a mencionarlas o recordarlas.

La publicidad de hoy día nos dice que «la imagen lo es todo»; es decir, «cuida tu imagen y reputación porque será la que te abra camino en el futuro». Los hombres no deben llorar y las mujeres que sí lloran son débiles y no entienden sus derechos. Nuestra cultura y sociedad dice: mientras más fragmentado o desintegrado estés, menos oportunidades tendrás.

¿Por qué será que el sufrimiento, el dolor o las cicatrices son enemigos de la generación progresista? En Gálatas 3.3, Pablo le dice a la iglesia en un tono de exhortación: «¿Tan necios sois? ¿Habiendo comenzado por el Espíritu, ahora vais a acabar por la carne?» Creo con todo mi corazón que esta misma retórica urgente tiene que ser contestada para llegar al próximo nivel. Pablo, siendo un ministro de Dios, no usa una tarjeta de plástico como credencial, más bien usa sus heridas, sufrimientos y cicatrices para probar su ministerio. La perspectiva de este siervo era que cada marca en su cuerpo tuviera una historia que contar con el fin de que la gloria de Dios fuera notoria en todo lugar.

El proceso que se toma desde la herida hasta la cicatriz requiere de tiempo. Cada herida es diferente. El proceso es a veces doloroso, frustrante y penoso. Pero la cicatriz, a fin de cuentas, es un mensaje al mundo de que Dios es fiel y su misericordia es para siempre. No te frustres al notar que tu herida tarda en sanar.

Cuando la piel se rompe, el cuerpo forma fibras colágenas (proteínas) para rellenar la lesión y reparar la herida, dando origen a la cicatriz. No hay un tiempo determinado para la sanidad completa de esa cicatriz. Cuando sufres una herida emocional o sicológica, el bálsamo de oración, perdón, experiencias con Dios y el propio tiempo son los ingredientes para reparar la herida y cicatrizarla.

Dios siempre les recordó tanto a sus profetas como a su pueblo que nunca olvidaran de dónde los había sacado. La razón para eso es que el ser humano es olvidadizo con respecto a lo que Dios hace con él. Jamás deberíamos olvidarnos de dónde nos sacó Dios, y de lo cerca que estuvimos de la muerte; de cómo Dios, a su debido tiempo, escuchó nuestra súplica e intervino para auxiliarnos. Cuando comiences a dudar y a olvidar lo que Dios te ha prometido, fíjate en tus cicatrices. Pero no las veas como algo negativo sino como tu medalla de graduación del seminario del dolor, la amargura y la angustia y tus credenciales para animar y ayudar a sanar a aquellos que están derramando las mismas lágrimas que antes derramabas tú. Podrás sentir compasión de estos y ser una torre fuerte para que el mundo sepa que de todo lo que padeciste y sufriste... ¡sólo queda una cicatriz!

Preguntas Capítulo 8

1. Describe la cicatriz más sobresaliente de tu vida.
2. ¿Qué mensaje le envía tu cicatriz al mundo que te rodea?
3. El poderoso mensaje de la cicatriz es: «lo _____, lo _____, y ahora _____ _____ para hablar de aquello».
4. Describe el proceso de herida, sanidad y la cicatriz.
5. ¿Que aprendiste en cuanto a tu cicatriz?
6. ¿Cuál es el peligro más grande que hay en cubrir una cicatriz?
7. Mientras más _____ cargas en tu cuerpo, más _____ tienes de honrar a Dios por su _____.

MARK VEGA
ENERO 9, 1970-

Capítulo 9

El poder resucitador

En el 1948 un hombre llamado Ernest Neal fue la causa de que los Estados Unidos hicieran mayor conciencia en cuanto al tejón. Neal escribió un libro titulado, precisamente *El tejón*, en el que muestra la primera foto de este animalito.

Parte de la razón para que el tejón fuera descubierto tan tarde es por su naturaleza de animal nocturno. Desde Irlanda a Japón, se multiplicó en número pero sus actividades quedaron ignoradas juntamente con sus hábitos.

Este mamífero es único en el mundo. Se le conoce por ser amable y cuidadoso. Dice Neal en su libro que, con frecuencia, se ha visto al tejón adoptando las crías de los zorros cuando sus padres mueren a manos de cazadores.

Existen varias clases de tejones que me gustaría describirte pero hay uno en particular que quisiera aludir en este capítulo y este es el «tejón de la miel».

Aunque dócil y humilde por naturaleza, la revista *National Geographic* describe al tejón de la miel como el depredador más feroz que existe. En su edición de 2003, el Libro Guinness de los Récords lo destacó como el animal más atrevido no sólo por su agresividad o por lo peligroso que es, sino por las características internas que posee. Por años, la serpiente cobra fue considerada como el animal más temible del desierto y la número dos entre los más peligrosos del mundo. Cuando se enfrenta a su víctima, la cobra levanta la cabeza y se prepara para inyectar su veneno mortal. Si es una cobra *mozambique* escupe en los ojos de su víctima para quemarle las corneas cegándola con toxinas venenosas antes de acabar de destruirla. Sea león, gorila, hiena o cualquier otro animal de la selva, todos caen víctimas de la cobra venenosa. Aunque el animal sea peligroso, feroz o gigantesco, no podrá resistir el veneno mortífero de la serpiente cobra.

Mientras se describía a esta serpiente venenosa, comencé a notar que sus características eran semejantes a las de Satanás. El herpetólogo C. H. Pope dice que las «serpientes son primero cobardes, luego son mofadoras y por último, guerreras». Son nocturnas y existen en diferentes formas, colores y tamaños. Hay alrededor de 3200 especies de serpientes. Algunas pesan sólo onzas mientras otras pesan hasta 320 libras, alcanzando un tamaño superior a los diez metros de largo.

Como te puedes dar cuenta, aunque no soy fanático de las serpientes, aprendí mucho acerca de ellas. Y no dejo de asombrarme por toda la información y datos interesantes que descubrí acerca de la serpiente cobra en la revista *National Geographic*. Lo más intrigante, sin embargo, fue cuando leí que el animal más peligroso no es la cobra, sino el tejón de la miel. ¿Cómo puede un animal tan dócil y amable ser catalogado como el número uno de los peligrosos, más que el escorpión, el ciempiés o la cobra?

Mientras fijaba atentamente mis ojos en el televisor quedé sorprendido cuando vi lo que ahora te contaré. Entendí aquella noche que no era una coincidencia que estuviera viendo ese programa de *National Geographic*, sino que era el propósito de Dios para ayudarme a terminar este libro. Durante la presentación del nuevo campeón del desierto se ofrece una batalla entre el tejón de la miel y la peligrosa serpiente cobra.

Ambos se mueven de lado a lado mientras se concentran en sus miradas. Tratan de golpearse uno al otro, pero los instintos rápidos de ambos depredadores hacen que se esquiven vez tras vez. La cobra levanta la cabeza y comienza a moverse con rapidez; de repente y con intensidad se prende de su contrincante y le inyecta su veneno mortal. El tejón retrocede, perdiendo su fuerza y la vida empieza a írsele, pero aun así trata de agarrar a la cobra; sin embargo, la dosis de veneno mortal que ahora corre por su cuerpo es demasiada como para resistirla.

La cobra comienza a moverse alrededor de su víctima como normalmente lo hace. Por espacio de tres horas rodea al tejón, que supuestamente, ya está muerto. La cobra, sin embargo, no sabe que mientras celebra la supuesta muerte de su víctima, algo está sucediendo dentro del cuerpo de ésta.

Para entender lo que está pasando hay que conocer la naturaleza del tejón de la miel. Durante toda su vida se ha acostumbrado saquear las colmenas para alimentarse de su miel. Esto lo ha llevado a tener que vérselas con las abejas por lo que con mucha frecuencia es atacado y picado por enjambres de ellas. Estas luchas lo han preparado para su encuentro con la cobra.

Mientras la cobra está celebrando su victoria no sabe que el tejón, aunque caído e inconsciente, está fabricando en su sistema un antídoto. El tejón, en realidad, no está muerto, sino que está viviendo un proceso de restauración. Su cuerpo está creando un antídoto para contrarrestar la dosis mortífera. Pronto abrirá sus ojos y se levantará se sacudirá con violencia y se aprestará a derrotar a la serpiente. Así, ya en control de todas sus facultades, comenzará a correr detrás de la cobra, mientras esta trata de escapar sin conseguirlo. Desarmada y aterrorizada, la cobra será alcanzada por el tejón, quien de una mordida le arrancará la cabeza y finalmente la devorará.

«Y pondré enemistad entre ti y la mujer, y entre tu simiente y la simiente suya; ésta te herirá en la cabeza, y tú le herirás en el calcañar» (Génesis 3.15).

Satanás llevó a Cristo hasta la cruz con la intención de escarnecerlo y avergonzarlo. Cuando Cristo murió en la cruz, celebró con una gran fiesta la muerte del Hijo de Dios. Pero al tercer día, el Espíritu de Dios resucitó a Jesucristo de entre los muertos; le arrancó la cabeza al diablo y cumplió con la primera profecía de Génesis 3.15.

«¿Dónde está, oh muerte, tu aguijón? ¿Dónde, oh sepulcro, tu victoria?» (1 Corintios 15.55).

Lo que prepara al tejón para poder enfrentar a enemigos mortales son los ataques y las picaduras previas. Aunque no entienda el por qué del dolor provocado por las picaduras y los ataques, es indispensable para su crecimiento, desarrollo y destino.

Estoy seguro que, en algún momento te habrás preguntado: «¿Por qué yo? ¿Por qué esto, por qué mis hijos, por qué mi cónyuge, por qué mi familia, por qué mis finanzas, por qué mi ministerio? ¿Por qué será que los impíos prosperan y yo, que soy una persona justa y temerosa de Dios, no puedo salir adelante?» El salmista se hacía esta misma pregunta y llegó a la conclusión de que por poco se deslizaba.

«En cuanto a mí, casi se deslizaron mis pies; por poco resbalaron mis pasos. Porque tuve envidia de los arrogantes, viendo la prosperidad de los impíos» (Salmo 73.2-3).

Mi oración por ti es que nunca te olvides del tejón de la miel. Pudo haber tenido menos probabilidades de ganar la batalla contra la infame serpiente, pero las batallas del pasado con sus picaduras sirvieron para prepararlo para la victoria final.

«Si somos atribulados es para nuestra consolación y nuestra salvación» (2 Corintios 1.6).

Cuando llores y derrames lágrimas y luches contra las tormentas de la vida, no culpes a Dios. Quiero que sepas que es durante estos tiempos de tormenta cuando hay algo que está sucediendo dentro de ti que es mucho más poderoso que los acontecimientos externos. Cada ataque contra tu persona intensifica tus anticuerpos. Cada lágrima refuerza tu fe, y cada vez que recibes desprecios de otros sirve para multiplicar el antídoto en tus células.

«Y si el Espíritu de aquel que levantó de los muertos a Jesús mora en vosotros, el que levantó de los muertos a Cristo Jesús vivificará también vuestros cuerpos mortales por su Espíritu que mora en vosotros» (Romanos 8.11).

Pablo tenía el Espíritu de Dios como antídoto morando en él. De igual manera, sufría constantemente el dolor y la amargura que lo estaban preparando para realizar su destino y los propósitos de Dios. Creo que muchos de nosotros no conocemos nuestro destino final pero sí entendemos que somos atribulados; lo cual sirve para moldearnos para alcanzar lo que Dios nos ha preparado. Así que, recibamos las luchas, las pruebas y las dificultades con brazos abiertos porque si Dios lo ha permitido es con el propósito de nuestra edificación y salvación.

Preguntas Capítulo 9

1. Señala las similitudes que hay entre un creyente fiel y el tejón de la miel.
2. Puedes contestar a la famosa pregunta, *¿por qué yo?*
3. ¿Qué representan las picadas venenosas de las abejas?
4. ¿Qué similitudes hay entre la pelea del tejón de la miel y la cobra, y el creyente y el enemigo?
5. ¿Qué beneficio produce cada lágrima que derramas?
6. ¿Cuál es el antídoto?
7. ¿Cómo ha usado Dios este libro para tu restauración y resurrección?

Acerca del autor

El pastor Mark Vega es un predicador que viaja proclamando el mensaje de salvación y esperanza por diferentes naciones. Le apasiona ver a las personas experimentar la salvación de sus almas y la restauración de sus vidas y ver la iglesia ser apoderada y posicionada para vencer y hacer una diferencia. Mark se ha distinguido de otros predicadores en su habilidad de articular tanto en inglés como en español el decreto de Dios a líderes, adultos y jóvenes. Su ministerio está entrelazando culturas y haciendo conciencia al pueblo a tener un encuentro con Cristo. Mark Vega es fundador de IGNITE Inc., un internado ministerial que prepara a jóvenes llamados al ministerio a tiempo completo en las áreas de liderazgo y vida ministerial. Respondiendo al llamado de Dios sobre su vida, dejó su carrera profesional para entregarse a tiempo completo al ministerio de la predicación y la enseñanza bíblica. Mark y Lisa Vega son pastores del Ignite Life Center, una iglesia creciente y vibrante en la ciudad de Gainesville, Florida.

Para más información visita www.markvega.org

Para información sobre el ministerio visita www.ignite.org

Ignite...

CORAZÓN DE DIOS PARA UNA NUEVA GENERACIÓN

Nuestra **meta** en el programa de nueve meses es encender el llamado particular que Dios hace en la vida de nuestros estudiantes.

Es un programa de entrenamiento ministerial, que incorpora la capacitación académica, experiencia práctica y asesoramiento individual para jóvenes que desean responder al llamado y cambiar su mundo. Ignite es una incubadora ministerial para el siglo 21.

Si estás considerando un programa de entrenamiento o tienes un amigo interesado, investiga primero con nosotros...

¡No saldrás decepcionado!

Visítanos en **www.ignite.org**

www.ingramcontent.com/pod-product-compliance
Ingram Content Group UK Ltd.
Pitfield, Milton Keynes, MK11 3LW, UK
UKHW020808120325
456141UK00001B/21